Carlsberg

DOCK 16

Erste Seite:
Die Hamburgische Landesflagge zieren die Landesfarben rot und weiß. Sie darf von jedermann gehisst werden, so auch auf den Rundfahrtschiffen im Hamburger Hafen.

Oben:
Über die Binnenalster mit der Fontäne hat man den vielleicht schönsten Blick auf Hamburgs Innenstadt. Im Wasser spiegeln sich die Geschäftshäuser von Ballindamm und Jungfernstieg, im Hintergrund sieht man von links nach rechts die Türme von St. Petri, St. Katharinen, dem Rathaus und der Ruine von St. Nikolai.

HAMBURG

Mit Bildern von Walter Fey und Max Galli
und Texten von Nina Schiefelbein

INHALT HAMBURG

Seite 8/9:
Von der Poggenmühlenbrücke ganz im Osten der Speicherstadt blickt man auf die neugotischen Backsteinbauten, die heute unter Denkmalschutz stehen.

Seite 12/13:
Im Stadtteil St. Pauli steht seit 2007 das Empire Riverside Hotel. Im 20. Stock seines 75 Meter hohen Turms befindet sich eine Cocktailbar, von der aus man einen traumhaften Blick über die Landungsbrücken und den Hamburger Hafen hat.

Hamburg, die schönste Stadt der Welt!

Viele Klischees über Hamburg sind nicht von der Hand zu weisen. Es regnet ziemlich oft, durchschnittlich an 133 Tagen im Jahr. Die Hamburger kriegen ihren Mund nicht auf. So mancher Gesangslehrer schimpft über die hanseatische Eigenart, beim Sprechen die obere und die untere Zahnreihe kaum einen Millimeter voneinander zu entfernen. Die Hamburger sind arrogant. Sie halten sich für was Besseres und ihre Stadt für die schönste der Welt. Aber: Die durchschnittliche jährliche Anzahl von Regentagen in München beträgt ebenfalls 133. Hanseaten wie Helmut Schmidt, Heidi Kabel oder die Jungs vom Hamburger Knabenchor berührten und berühren mit

Seite 14/15:
Am Steilufer von Blankenese findet man etwas, das man in Hamburg nicht unbedingt erwartet: Wohnen in Hanglage. Die Häuser zu erreichen ist nicht einfach und zum Teil sogar nur zu Fuß möglich, der Blick von dort über die Elbe ist dafür absolut unverbaubar.

Die U-Bahn-Linie U3 verläuft entlang der Landungsbrücken oberirdisch und bietet jederzeit einen tollen Blick auf Elbe und Hafen. Bei der Einlaufparade der Schiffe zum alljährlichen Auftakt des Hafengeburtstags sollte man aber unbedingt aussteigen, um alle Großsegler, Kreuzfahrt- und Traditionsschiffe gebührend betrachten zu können.

dem, was sie von sich geben, Menschen bis weit über die Stadtgrenzen hinaus. Und Hamburg ist die schönste Stadt der Welt.

Was macht sie aus? Vor allem das viele Wasser: Über 40 Flüsse und Bäche durchströmen die Stadt, allen voran Elbe und Alster. Wo sie aufeinandertreffen, wurden vor etwa 1200 Jahren Hamburgs Grundsteine gelegt. Die Alster versorgte die Stadt, sie ist ihre Lebensader und heimliche Seele. Die Elbe verband Hamburg mit der großen, weiten Welt, sie brachte Reichtum und Freiheit. Ihr Hafen ist Hamburgs Motor und weltbekanntes Aushängeschild.

Ohne den Hafen ist Hamburg nicht denkbar. Über ihn kamen und kommen Menschen und Waren aus aller Herren Länder in die Stadt. 98 Konsulate kann sie aufweisen, mehr hat nur New York. Über zehn Prozent aller Hamburger gehen einer Arbeit nach, die direkt mit dem Hafen im Zusammenhang steht. Und ohne den Hafen gäbe es kein St. Pauli, keine Reeperbahn und keinen Fischmarkt.

Stadt der Brücken

Die kleinen Schwestern von Elbe und Alster heißen Dove Elbe und Gose Elbe, Bille, Wandse und Este, dazu gesellen sich viele Bäche mit Namen auf -au oder auf -bek, wie die Wedeler Au oder

Direkt gegenüber dem Hauptbahnhof liegt die Hamburger Kunsthalle. Das Treppenhaus aus weißem Marmor befindet sich im Altbau, der 1863 bis 1896 erbaut wurde, und ist einer der wenigen aus der Gründerzeit erhaltenen Räume.

Das erste Thalia Theater wurde 1843 errichtet und stand dem heutigen Gebäude direkt gegenüber. Der größere Neubau wird seit 1912 bespielt, wurde jedoch im Zweiten Weltkrieg komplett zerstört. Erst 1960 konnte das Theater wiedereröffnet werden.

die Kollau, die Osterbek oder die Tarpenbek. Etwa 2500 Brücken führen über sie alle hinüber, das sind mehr als die Brücken von Amsterdam, Venedig und London zusammengerechnet. Die älteste noch erhaltene Brücke ist die Zollenbrücke am Nikolaifleet in der Hamburger Altstadt. Über ihre Sandsteinquader rumpelten ab 1633 die Fuhrwerke der Händler, über den Vorgängerbau bereits ab 1355. Nicht-Hamburger hatten dafür einen Zoll an die Stadtherren zu zahlen. Keinen Zuschlag von deren Seite bekam dagegen eines der jüngsten und gleichsam spektakulärsten Brückenprojekte, die „Living Bridge" des Hamburger Star-Architekten Hadi Teherani, der eine 700 Meter lange Wohnbrücke über die Elbe bauen wollte. Oberhalb der Brückenstraße sollte sie mit Wohnungen, Läden und sogar Grünanlagen versehen werden und vom Kleinen Grasbrook in die HafenCity führen. Dort, in Hamburgs jüngstem Stadtviertel – und momentan Europas größtem innerstädtischen Entwicklungsprojekt – entstehen dafür neue Brücken wie am Fließband, wenn auch ungleich kleinere. Sie verbinden die modernen Wohn- und Bürogebäude mit maritim anmutenden Plätzen, den Traditionsschiffhafen mit dem Kreuzfahrt-Terminal, das Internationale Maritime Museum mit der HafenCity Universität, einer Hochschule für Baukunst und Metropolenentwicklung – und nicht zuletzt die Stadt mit ihrem neuen Wahrzeichen, der Elbphilharmonie.

Ein großer Konzertsaal für über 2000 Zuhörer, ein Kammermusiksaal mit etwa 550 Plätzen und ein Studio für experimentelle Musik, ein Hotel und Privatwohnungen verbergen sich hinter der geschwungenen, glänzenden Glasfassade aus über tausend gewölbten Fensterflächen. Wie ein Kristall thront sie auf dem alten Kaispeicher A, einem riesigen Kasten aus rotem Backstein. Der wurde ursprünglich 1875 errichtet und ruhte auf 1111 Holzpfählen im Elbsand. Der Turm des Lagerhauses war weithin sichtbar und hatte eine wichtige Funktion für den Hafen. Auf ihm befand sich eine Zeitball-Anlage. Zwei Mal täglich um Punkt 12 Uhr mittags und Schlag Mitternacht fiel ein ein Meter großer schwarzer Ball von deren Spitze aus drei Meter in die Tiefe: ein unverzichtbarer Zeitmesser für die Seeleute, die nach ihm ihre Chronometer sekundengenau einstellen konnten. Der heutige Speicher ist von 1966. Der Wiederaufbau nach der Zerstörung im Krieg wurde dabei dazu genutzt, die Holzpfähle durch wiederum 1111 Stahlbetonpfähle zu ersetzen. Nicht einmal diese stolze Zahl aber reichte aus, um die 200 000 Tonnen Gesamtgewicht der Elbphilharmonie zu tragen, 650 weitere mussten in den schlammigen Boden gebohrt werden.

Die Elbphilharmonie ist ein architektonisches Meisterwerk, das Unsummen von Geld verschlingt, aber auch auf eindrucksvolle Weise das Wesen Hamburgs, die Verbindung von Tradition und Moderne, zum Ausdruck bringt und natürlich ihre Bedeutung als Kulturstadt. Die große Bandbreite der Musik, die hier immer eine wichtige Rolle spielte, machen Namen wie Brahms, Beatles und Blumfeld deutlich. Literarischen Ruhm erwarben sich in Hamburg neben vielen anderen Lessing, Claudius, Klopstock, Borchert und Lenz, und dass Hamburg als Verlagsstadt nicht nur merkantilpolitisch auf Zeitungen setzt, sondern bis in die Zeiten des Internets hinein auf Bücher, beweist das 2008 ins Leben gerufene Harbour Front Literaturfestival, das mit Stars aus der nationalen und internationalen Literaturszene aufwarten kann.

Weltrang besitzt das Hamburg Ballett, das seit über 40 Jahren unter der Leitung von John Neumeier an der Hamburger Staatsoper begeistert.

Theaterstadt Hamburg

Vor allem aber ist Hamburg eine Theaterstadt. Bei der Zahl der Theaterbesuche pro Einwohner ist sie in Deutschland sogar dann noch führend, wenn man die Musicalbesucher abzieht, die zum Großteil aus Touristen bestehen. Mit dem Thalia Theater und dem Deutschen Schauspielhaus hat die

Oben:
Der Ballindamm an der Binnenalster ist nach dem Reeder Albert Ballin (1857–1918) benannt. Er war Generaldirektor der HAPAG, die unter ihm zur größten Schifffahrtslinie der Welt avancierte. Die heutige Firma Hapag-Lloyd hat nach wie vor ihren Hauptfirmensitz an dieser Hamburger Prachtstraße.

Links:
Das Internationale Maritime Museum in der HafenCity entstand im denkmalgeschützten ehemaligen Kaispeicher B. Auf neun Ausstellungsdecks kann man in 3000 Jahre Schifffahrtsgeschichte eintauchen.

Stadt zwei Bühnen, die schon für viel Furore und Skandale gesorgt haben. Und auch unter den „kleinen“ Häusern ist so einiges Besonderes zu finden: Das Schiff, das am Nikolaifleet festgemacht hat und Kleinkunst vom Feinsten bietet, ist das einzige hochseetüchtige Theater Europas. Das Ohnsorg Theater – unsterblich mit dem Namen Heidi Kabel verbunden – bietet Unterhaltung auf Plattdeutsch, im Original, aber auch als Übersetzung, zum Beispiel von Büchner oder Shakespeare. Und mit der Fabrik in Altona besitzt Hamburg das älteste Kulturzentrum Deutschlands.

All das ist gar nicht so selbstverständlich, wie es scheint. Bis in die 1930er-Jahre war Kultur in Hamburg auf die Privatinitiative der Bürger angewiesen und damit auf freigeistiges und freigebiges Mäzenatentum. Das liegt den Hanseaten im Blut.

Hamburg war nie Residenzstadt, kein König war hier je zuhause, der Kunst und Kultur hätte fördern können. Die Stadt unterstand zwar über mehrere Jahrhunderte offiziell der dänischen Krone, Napoleon hielt sie besetzt und zeitweilig war sie rundum von Preußen umzingelt. Keinen Herrscher aber haben die Hamburger je akzeptiert. Das Hamburger Wappen ziert eine weiße Burg auf rotem Grund, ihr Tor ist geschlossen. Das soll zum Ausdruck bringen: Wir machen uns niemandem untertan. Wir sind Kaufleute und freie Bürger, und wir regieren uns selbst. Vielleicht sind die Hamburger deshalb stur und unnahbar, wie man ihnen nachsagt, aber ebenso rechtschaffen, tatkräftig und einfallsreich. Und so haben sie ihre Geschichte immer wieder selbst in die Hand genommen, die ihnen über die Jahrhunderte viel Gutes, aber auch manche schwere Zeit bescherte.

Am Anfang ein kleiner Hügel

Vier Höhenmeter, von 5,70 Meter auf 9,70 Meter über Normalnull, führt sie hinauf, die Bergstraße, auf dem kurzen Weg vom Jungfernstieg zur Petrikirche. Kaum einer der Tausenden von Menschen, die sie tagtäglich entlanglaufen, wird das überhaupt zur Kenntnis nehmen. Der Name wirkt da auf den ersten Blick fast ein bisschen großspurig. Aber die vier Meter machten einmal einen bedeutenden Unterschied. Der kleine Höhensporn, der

Unten rechts:
Die Kneipenszene in Hamburg ist unendlich groß und unendlich vielfältig. Ein beliebtes Ausgehviertel ist Ottensen. Gegenüber den Zeisehallen, in denen Kunst und Kultur goutiert wird, sorgt die Filmhauskneipe für das leibliche Wohl.

Unten:
Untertags geht es geruhsam zu vor dem Aurel in Altona. Zu späterer Stunde lockt die Bar zahlreiche Nachtschwärmer an.

Rechts:
Trotz des angeblich immer so schlechten Wetters kann man bei den meisten Kneipen auch gemütlich draußen sitzen, etwa vor Thämers Stube direkt am Großneumarkt.

Die geknickte Fassadenkonstruktion gab diesem 2013 fertiggestellten Gebäude den Namen „Die tanzenden Türme". Diese sind 22 beziehungsweise 24 Stockwerke hoch und haben die prominente Adresse „Reeperbahn 1".

hier in das sumpfige Marschland der Alsterniederung reichte, reizte zur Besiedlung – und das schon in der Steinzeit, wie Funde belegen. Vom Sumpf her konnte kein Angreifer gefährlich werden, gleich in der Nähe bot der Fluss die notwendige Wasserversorgung, unterhalb der Anhöhe verlief ein Handelsweg. Im 7. und 8. Jahrhundert bestand hier eine kleine sächsische Wohnanlage, bevor im 9. Jahrhundert, wahrscheinlich 817, die Hammaburg errichtet wurde. Wo genau sie lag, weiß man nicht, bis heute haben Archäologen keinen Überrest von ihr gefunden, und lange Lebensdauer war ihr auch nicht beschieden, aber sie gab der Stadt ihren Namen – und der war Programm: „hamme" oder „ham" bedeutet „Ufer, Gelände am Sumpf", und feucht war es hier allemal, wo Alster und Bille in die Elbe münden.

Die Franken setzten Erzbischof Ansgar auf der Hammaburg ein, ein Vorposten sollte er sein, um Wikinger, Sachsen und Slawen zu christianisieren. Schon 845 jedoch wurde die Festungsanlage bei einem Wikingerüberfall zerstört, ebenso Ansgars Kirche, der Vorläufer des Hamburger Doms.

Die Siedlung aber überdauerte. 1188 beschloss Adolf III. von Schauenburg, ein Holsteiner Graf, diese für sich als Handelsplatz auszubauen, und gründete eine Neustadt für 50 Kaufleute. Dann ging er mit Kaiser Friedrich Barbarossa auf Kreuzzug und erhielt von diesem als Dank den für Hamburg so wichtigen Freibrief, der freien Handel und Zollfreiheit auf der Niederelbe gewährte: Der Anfang vom Aufstieg zur Hafenmetropole war gemacht.

Die Handelsfreiheit weckte bei den Hamburgern aber auch schnell den Wunsch nach politischer Freiheit, und der Hamburger Rat, der ab 1216 die Stadt regierte, strebte nach Unabhängigkeit von den Schauenburgern. Ein Rechtsstreit begann, der mehrere Etappen durchlief und erst 1618 zu einem endgültigen Ende kam, als das Reichskammergericht Hamburg zur Freien Reichsstadt erklärte.

In der Blüte der Hansezeit

Die dazwischenliegenden Jahrhunderte waren geprägt von der Blüte der Hansezeit. 1312 schloss sich Hamburg dem Kaufmannsverbund an und wurde zum wichtigsten Warenumschlagsplatz zwischen Nord- und Ostsee. Nicht einmal die Pest konnte den Aufstieg aufhalten, obwohl 1350 fast die Hälfte der Bevölkerung dem Schwarzen Tod zum Opfer fiel.

Rechts:
Das Naturschutzgebiet Mühlenberger Loch, ein Flussgebiet in der Niederelbe im Westen Hamburgs, ist eines der größten Süßwasserwatts Europas. Bekannt wurde es durch den öffentlichen Widerstand gegen die Erweiterung des Airbuswerkes, für die ein Teil des Mühlenberger Lochs zugeschüttet und bebaut wurde.

Oben:
Sie sehen schön aus und machen sich dabei auch noch nützlich: Die Schafe auf den Elbdeichen halten das Gras kurz und treten den Boden fest.

gewöhnliche Regenerationsfähigkeit – bereits Anfang der 1960er-Jahre wurde wieder mehr neu gebaut als wiedererrichtet –, um nur wenig später ein weiteres Mal getestet zu werden.

Land unter in der Stadt

Diesmal kam das Wasser. Gut 100 Kilometer Elbe liegen zwischen Hamburg und der Nordsee, eine Entfernung, die jedoch nicht ausreicht, um den Einfluss der Gezeiten zu tilgen. Der Hafen hat damit bis heute zu kämpfen. 1962 kam zu einer Springflut ein orkanartiger Nordweststurm hinzu – und die Deiche, die die Stadt fast 100 Jahre lang zuverlässig geschützt hatten, gaben nach. In der Nacht vom 16. auf den 17. Februar wurde ein Sechstel der Stadtfläche überschwemmt. Der Entschlusskraft des damaligen Innensenators Helmut Schmidt und natürlich wieder einmal der Tatkraft der Hamburger Bürger ist es zu verdanken, dass sich die Stadt auch von dieser Katastrophe schnell erholte.

Die Stadtentwicklung der Folgejahre mit euphorisch gefeierten Großwohnprojekten, die zu sozialen Brennpunkten wurden, und einer auf Bürohäuser fokussierten Zentrumsplanung, die die Innenstadt nach Ladenschluss in einen Dornröschenschlaf versinken lässt, ist im Rückblick wenig glorreich. Publikumsmagneten wurden dagegen die eleganten Einkaufspassagen, die seit den 1980er-Jahren vor allem im Umfeld des Gänsemarktes entstanden. Nachdem deren Charme heute ein bisschen an Glanz verloren hat, hat Hadi Teherani die in Hamburg so geschätzte Idee des „Einkaufens ohne Regenschirm" 2007 neu belebt. Seine preisgekrönte Europa-Passage, die Jungfernstieg und Mönckebergstraße verbindet, bietet Shopping-Spaß auf fünf Ebenen und wirkt mit ihren elliptischen Bögen wie ein Kreuzfahrtschiff. Irgendwo muss das Geld der Stadt mit den meisten Millionären ja ausgegeben werden – obwohl letztere wohl eher traditionell und abseits der Massen in den Edelläden am Neuen Wall einkaufen.

Und die Zukunft der Stadt? Die wurde gerade neu erfunden. In Wilhelmsburg, ausgerechnet. Um die Jahrtausendwende begannen die Überlegungen, wie man diesen vernachlässigten Stadtteil wieder lebenswert machen könnte. Keine vier S-Bahn-Stationen trennen ihn von der Hamburger Innenstadt, noch vor wenigen Jahren waren es Welten. Die große Insel zwischen Norder- und Süderelbe war total verbaut: alte Industrieanlagen, trostlose Wohnviertel, durchschnitten von hässlichen, lauten Verkehrsachsen, die Hälfte der Einwohner mit Migrationshintergrund. Drei große Fragen kristallisierten sich heraus – und wurden zum Leitbild einer noch viel größeren Idee: Hamburg als Versuchslabor, als Vorreiter mit Signalfunktion für die globale Stadtentwicklung der Zukunft. Wie kann das immer internationaler werdende Miteinander die Stärke einer Stadt werden statt ihr Problem? Wie können innerstädtische Brachflächen, an denen Industrie, Wohnviertel und Verkehr aufeinanderprallen, sogenannte Metrozonen, zu attraktiv-nutzbarem, urbanem Neuland werden? Und wie kann man städtisches Wachstum nachhaltig und klimafreundlich gestalten? Projekte wie Hybridhäuser, die sich mit veränderbaren Räumen den Wünschen ihrer Bewohner anpassen, oder der Umbau des alten Wilhelmsburger Flakbunkers zu einem regenerativen Kraftwerk sind nur zwei Beispiele der zahlreichen eindrucksvollen Ideen, die in der Internationalen Bauausstellung 2013 ihren Ausdruck fanden. Der „Sprung über die Elbe", so das Motto dieses riesigen Hamburger Stadtplanungsprojekts, ist geschafft, Wilhelmsburg und auch seine Nachbarn Veddel und Harburg haben den Imagewandel geschafft. Wie nachhaltig das sein wird, fürs Klima, aber auch für die alteingesessenen, vielleicht nicht so trendigen Wilhelmsburger, und wie wegweisend anderswo in der Welt, das muss sich noch beweisen.

Muss man sonst noch etwas über Hamburg und die Hamburger wissen? Vielleicht, dass, wenn man kein Hamburger ist, man entweder ein Tourist ist – oder ein „Quiddje": einer, der zwar in der Hansestadt wohnt, aber nicht hier geboren wurde und der vor allem eine „andere Sprache" spricht. Auch wenn heute nur noch wenig Plattdüütsch gesprochen wird, so fallen doch gerade die vielen „üs" in den typisch hamburgischen Begriffen auf: „lütt" für „klein", „Plünnen" für „Klamotten", „krüsch" für „wählerisch, was das Essen angeht", „fünsch" für „ärgerlich, grantig" und „tüdeln" für „lügen" oder auch „festbinden, umwickeln".
Letzteres kennt man aus dem Kinderlied „An de Eck steiht 'n Jung mit'n Tüdelband". In dessen Refrain heißt es:

„Jo, jo, jo, klaun, klaun,
Äppel wüllt wi klaun,
ruck zuck övern Zaun.
Ein jeder aber kann dat nich,
denn er muss aus Hamborg sein!"

Ob man wirklich Hamburger sein muss, um Äpfel stehlen und sich über den Zaun davonmachen zu können, sei einmal dahingestellt, unbestreitbar aber ist das eines der bekanntesten Hamburg-Lieder, die es gibt, es wird sogar als heimliche Stadthymne bezeichnet. Derer gibt es allerdings noch einige mehr, denn wenn Hamburg besungen wird, bekommt das schnell Hymnencharakter. So ist bei jedem HSV-Heimspiel Gänsehaut garantiert, wenn kurz vor dem Anstoß aus bis zu 57 000 Kehlen Lotto King Karls „Ohh, Hamburg, meine Perle, du wunderschöne Stadt" erklingt. Und mit kaum weniger Pathos singen die „Beginner" mit Jan Delay: ***„Ich sage, Hamburg ist die Hälfte von zwei, / die Schönste, die Nummer 1, das Gelbe vom Ei."*** Hamburg, die Schönste. Die schönste Stadt der Welt. Und das bei jedem Wetter.

Auf ihrem Weg von der Elbmündung zum Hamburger Hafen nehmen Schiffe nacheinander drei Lotsen an Bord. Die erste Strecke übernimmt der Seelotse, ab Cuxhaven ist der Elblotse zuständig, der schließlich bei Teufelsbrück vom Hafenlotsen abgelöst wird. Das Restaurant „Zum Alten Lotsenhaus" steht direkt am Elbwanderweg in Oevelgönne.

Der Stadtteil Blankenese ist eine feine Adresse. Wunderschöne Villen präsentieren sich idyllisch zwischen viel Grün.

Seite 26/27:
Seit 2012 wird DER SPIEGEL Woche für Woche in der HafenCity produziert. Das Haus auf der Enricusspitze wurde vom Kopenhagener Architekturbüro Henning Larsen Architects entworfen.

SPIEGEL TV

Rings um den Rathausmarkt – Hamburgs Zentrum

Er beschreibt einen beinahe perfekten Halbkreis, der historische Kern Hamburgs, seit 1628 ein uneinnehmbarer Befestigungsring um die „alte“ Altstadt und die damals neue, noch unbebaute Neustadt geschlossen wurde – im Süden begrenzt und geschützt durch die Elbe. Millerntor und Deichtor, dazwischen Große und Kleine Wallanlagen und fünf „Wall“-Straßen, vom Holsten- bis zum Klosterwall markieren heute die Ringlinie. Die Befestigungsanlagen trennten auch den Alstersee, es entstanden Binnen- und Außenalster, überspannt von der Lombardsbrücke, benannt nach einem früher dort gelegenen Pfandhaus und berühmt für seine eleganten Glaskugel-Kandelaber. 1953 wurde die Brücke ergänzt durch die parallel verlaufen-

Seite 28/29:
Am Strand liegen, dabei die Großstadt im Rücken und die vorbeifahrenden Containerpötte zum Greifen nah ... Wie hier in Oevelgönne sollte man beim Sonnenbad im Elbsand aber immer das Wasser im Blick behalten: Die Gezeiten wirken bis hierher und die Flut macht auch vor Urlaubern nicht halt.

Zwischen Jungfernstieg und Rathausplatz liegt die „Kleine Alster". Der kurze Flussabschnitt verbindet die Binnenalster mit dem Alsterfleet, der wiederum die Alster mit der Elbe verbindet.

de Neue Lombardsbrücke, die 1963 zu Ehren des ermordeten US-Präsidenten in Kennedybrücke umbenannt wurde.

Das Herz der Stadt schlägt auf dem Rathausmarkt, und das vom ersten Anfang an. Etwa an dieser Stelle nämlich traf Landweg auf Wasserweg: ein idealer Siedlungsplatz! Das Nikolaifleet beschreibt noch in etwa den Unterlauf der Alster, die Verbindung Steinstraße-Rathausstraße-Großer Burstah entspricht dem uralten Handelsweg. Heute steht hier das prachtvolle schlossähnliche Rathaus, das 1897 vollendet wurde und den Senat (früher „Rat") beherbergt, von dem Hamburgs Bürger seit 1216 regiert werden. Rücken an Rücken schließt sich die alte Hamburger Börse an das Rathaus an – heute Sitz der Handelskammer – und damit liegt hier das politische und wirtschaftliche Zentrum der Stadt.

Kirchturm-Skyline

Von diesem Zentrum aus pulsiert das Geschäftsleben Hamburgs und hier ist der ideale Ausgangspunkt, die Stadt als Tourist zu erkunden. Mit Mönckebergstraße und Jungfernstieg laufen hier die beiden berühmtesten Einkaufsmeilen der Stadt zusammen. Gleich nebenan steht St. Petri, eine der fünf Hauptkirchen Hamburgs. St. Jacobi und St. Katharinen sind nur einen Katzensprung entfernt, ebenso der Turm von St. Nikolai, der alten,

Lars Küntzel, Mützenmacher im Mützenfachgeschäft Walther Eisenberg an der Steinstraße, ist wohl der letzte seiner Art. 18 verschiedene Mützentypen werden von ihm in Handarbeit angefertigt.

im Zweiten Weltkrieg zerstörten Hauptkirche, deren Nachfolgerin heute in Harvestehude beheimatet ist. Nur St. Michael liegt etwas entfernt auf dem Gebiet der Neustadt. Ursprünglich war sie – im ärmlichen Teil der Stadt gelegen – weniger angesehen als ihre Schwesterkirchen, die die vier „Ur-Kirchspiele" der Stadt darstellen. Heute aber ist sie – oder besser er, der Michel, das Wahrzeichen der Hansestadt. Alle fünf Kirchtürme plus Rathausturm bilden die ganz besondere „Skyline" Hamburgs, die man am besten von der Lombardsbrücke aus bewundert.

Ganz weltliche architektonische Kunst bietet daneben das Kontorhausviertel aus den 1920er-Jahren. Auslöser für den Bau dieses Bürozentrums waren vor allem die katastrophalen Lebensbedingungen in den überbevölkerten Gängevierteln, in denen die Choleraepidemie von 1892 besonders schlimm wüten konnte. Bei der dringend notwendigen Sanierung setzte sich Fritz Schumacher trotz der großen Wohnungsnot mit seiner Idee der Citybildung durch. Er war ab 1909 Baudirektor und – neben vielen anderen für Hamburg wichtigen Umgestaltungen – verantwortlich für den Bau des Kontorhausviertels mit den in der ganzen Welt bekannten Klinker-Baudenkmälern wie dem Chilehaus oder dem Sprinkenhof. Steht man in einem der Kontorhaushöfe und blickt ringsum die imposanten Fassaden hinauf, bekommt man einen vagen Eindruck, wie es sich wohl angefühlt haben mag, stolzer Hamburger Kaufmann zu sein.

In engen Gassen

Eines der letzten Beispiele für die hamburgtypischen Gängeviertel mit ihren engen Gässchen und verwinkelten Häusern ist bei den Krameramtsstuben gleich neben dem Michel erhalten. Die Obergeschosse der Häuser, die sich ohnehin schon sehr eng gegenüberstanden, wurden noch weiter vorkragend gebaut, sodass man sich von Dachfenster zu Dachfenster aus beinahe die Hand reichen konnte. Eine der alten Wohnungen – ausgestattet im Stil des 19. Jahrhunderts – kann besichtigt werden. Sie ist eine Außenstelle des Hamburg Museums, des größten stadtgeschichtlichen Museums Deutschlands. Das Haupthaus – ein weiterer eindrucksvoller Bau Fritz Schumachers – steht am Holstenwall und bietet einen umfassenden, unterhaltsamen Einblick in die Geschichte der Stadt.

Und auch Menschen, die in Museen am liebsten Kunstwerke betrachten, kommen in Hamburgs Zentrum voll auf ihre Kosten. Fünf herausragend ausgestattete Museen bilden zusammen die Hamburger Kunstmeile: die Kunsthalle mit der Galerie der Gegenwart an der Ecke zur Binnenalster, das Museum für Kunst und Gewerbe hinterm Hauptbahnhof, der Kunstverein Hamburg in der Markthalle, die für Fotoausstellungen berühmten Deichtorhallen am Übergang zum Hafengebiet und das Ausstellungshaus Bucerius Kunst Forum am Rathausmarkt.

Um das Bild der Hamburger Altstadt zu vervollständigen, fehlen noch die althamburgischen Bürgerhäuser. Als Kaufmannshäuser vereinten sie Wohnhaus, Kontor und Speicher. Zur Straße hin trugen sie oft repräsentative Fassaden, hinten grenzten viele an die Fleete, von wo aus die Waren direkt vom Schiff in den Speicher geladen werden konnten. Dank einer privaten Bürgerinitiative ist ein ganzes Ensemble der Bürgerhäuser an der Deichstraße erhalten, ein weiteres Stück Hamburg, das einen das besondere Flair der alten Hansestadt erahnen lässt.

Unten:
Das Hamburg Museum wurde 1908 als „Museum für Hamburgische Geschichte" gegründet. Die Exponate veranschaulichen Themen wie Stadtentwicklung, Hafen, Alltag und Kultur der Hansestadt.

Oben links:
Portugal hat sich ein kleines Stück Hamburg erobert. Landestypische Läden, Gaststätten aller Art und zahlreiche Veranstaltungen wie Konzerte, Vorträge oder Ausstellungen laden in das Portugiesenviertel zwischen Landungsbrücken und Michel ein.

Links:
Die stilvollen Räume des „Café de Paris" beherbergten einmal eine Schlachterei. Die im Original erhaltene geflieste Jugendstildecke zeigt Szenen aus Schifffahrt, Handel, Industrie und Landwirtschaft.

34
SCHNELLBUS
LUFTHANSA-BASIS
Blumen

Linke Seite:
55 Jahre – von 1842 bis 1897 – dauerte es, bis das Hamburger Rathaus nach dem Planungsbeginn bezogen werden konnte. Das Gebäude ist 111 Meter breit, der weithin sichtbare Mittelturm hat eine Höhe von 112 Metern.

Die Bürgerschaft, das Landesparlament des Bundeslandes Hamburg, tagt im Plenarsaal. In dessen Vorraum, der sogenannten „Lobby der Bürgerschaft", treffen sich die Abgeordneten gern zwischen den Sitzungen.

Insgesamt gibt es 647 Räume im Rathaus. Der erste, den man durch den Haupteingang betritt, ist die Diele. Die 16 imposanten Säulen zieren Porträtmedaillons von 56 Hamburger Persönlichkeiten.

Rechts:
Bei schönem Wetter zieht es die Menschen nach draußen und die Cafés am Jungfernstieg haben regen Zulauf.

Unten:
Die venezianisch anmutenden Alsterarkaden zwischen Rathausplatz und Jungfernstieg wurden 1846 angelegt. Unter den weißen Bögen finden sich ausgewählte Geschäfte, die von handgefertigtem Porzellan über feine Pralinen bis hin zu edlem Bernsteinschmuck vielfältige Waren anbieten.

Oben:
Das 5-Sterne-Luxushotel „Vier Jahreszeiten" liegt über Eck vom Jungfernstieg am Westufer der Binnenalster. Als eines der besten Grand Hotels der Welt wurde es bereits mehrfach ausgezeichnet.

Links:
Die Binnenalsterseite des Jungfernstiegs ist beliebter Rastplatz bei Hamburgern und Touristen gleichermaßen. Bei schönem Wetter ist der „Kantstein" bis auf den letzten Platz besetzt.

Seite 38/39:
Vom Turm der Hauptkirche St. Michaelis, dem Michel, hat man einen weiten Blick über die Stadt. Und auch umgekehrt ist er mit 132 Metern Höhe von der Stadt aus weithin sichtbar.

CONDOR

Rechts:
Das Nikolaifleet mündet in den Zollkanal und ist nur einen Katzensprung vom Hafen entfernt. Dadurch wird es von den Gezeiten beeinflusst und fällt bei Ebbe zuweilen trocken. Bei Sturmflut kann die Verbindung zur Elbe durch ein Sperrwerk unter der Hohen Brücke geschlossen werden.

Oben:
Die Krameramtsstuben unweit des Michels wurden seit dem 18. Jahrhundert von der Kaufmannsgilde betrieben. In den zweistöckigen Fachwerkhäusern fanden die Witwen von Hamburger Krämern eine Bleibe.

Vom Ende der Stadthausbrücke blickt man über das Alsterfleet auf das Mahnmal von St. Nikolai. Die ehemalige Hauptkirche wurde im Zweiten Weltkrieg zerstört, auf den erhaltenen Turm gelangt man seit 2005 mit einem gläsernen Fahrstuhl.

Rechte Seite:
Beim Blick von der Poststraße Richtung Bleichenbrücke sieht man rechter Hand hinter dem Bleichensteg den Bleichenhof. In dem ehemaligen Kontorhaus befindet sich heute eine Einkaufspassage, darüber das größte Parkhaus der Innenstadt mit über 800 Stellplätzen.

Seite 44/45:
Blick von der Oberbaumbrücke über den Zollkanal. Die Kirchtürme von St. Katharinen und St. Nikolai ragen zwischen den Bürotürmen in den Himmel.

KAUFMANNSHAUS
Grossmann & Berger
PASSAGE
BLEICHENHOF

DER SPIEGEL
SPIEGEL TV

CHILEHAUS
(FISCHERTWIETE 2) PORTAL: A
ALPHABETISCH GEORDNET: A–K.
AUTOGEN-GESELLSCHAFT
ALBERS, FRANZ G.M.B.H.
AGENTUR AHLMANN-CARLSHÜTTE
BECKER BERNHARD
BURMESTER, GUSTAV
BRUCKHAUS, GUSTAV
BRÜEL & CO.
BOYE, HANS & CO.
BREMER HANDELSVEREINIGUNG GMBH
CORDTS, WALTHER
CARSTENS, ARTHUR & CO.
CORDTS, HANS F.C.
CHRISTIANSEN, DETHLEF J.
CHRISTIANSEN, JOHN JR.
DEUTSCHE PORENBETON G.M.B.H.
EILERT, H.E.
EGGERS, FRANZ & CO.
ENGEL, WERNER
EOS UND EXCELSIOR
EESTI KOMITEE
ESCHRICHT HEINZ
ENGEL, JULIUS E.W.
FRÖMBLING, E.C.H. & CO.
FINANZBANK AKTIENGESELLSCHAFT
FABER, HUBERT
FREI SOZIALE UNION
FEHLING, CHRISTOPH
GIMPY MAX
GUMMLICH, PAUL
GOOSSMANN, HAUSWART
HUGET, FRIEDRICH STEUERBERATER
HAGEN, FRANZ
HAMMER, ROLF
HIMSTEDT, CARL F.
HAENELT & CO. MAX
HACHMEISTER & ILLING NACHF.
HENNEBERG, WM. G.M.B.H.
INGWERSEN, PETER
JAGERSBERG, GÜNTHER

Das Chilehaus im Kontorhausviertel ist eines der markantesten Gebäude der Hamburger Innenstadt. Der Klinkerbau nimmt einen ganzen Häuserblock ein, hat zehn Stockwerke und 2800 Fenster. Das spitze Ende an der Ostseite erinnert an einen Schiffsbug. Entworfen von dem renommierten Architekten Fritz Höger, wurde das Chilehaus zwischen 1922 und 1924 für den Unternehmer Henry Brarens Sloman gebaut, dem damals mutmaßlich reichsten Mann der Stadt. Sein Vermögen stammte aus dem Handel mit Salpeter aus Chile. Das denkmalgeschützte Haus ist heute wie zur Zeit seiner Entstehung ein moderner Bürokomplex.

Rechts:
Der Sprinkenhof wurde zwischen 1927 und 1943 als Teil des Gesamtensembles des Hamburger Kontorhausviertels errichtet. Zu dieser Zeit war es Hamburgs größtes Geschäfts-, Wohn- und Lagerhaus. In die neun Stockwerke gelangt man über ein gewundenes Treppenhaus.

Unten:
Die Backsteinfassade des Sprinkenhofes ist von einem Rautenmuster überzogen. Die Ornamente dazwischen zeigen Symbole aus Handel und Handwerk.

Oben:
Auch die repräsentativen Treppenhäuser sind typische Merkmale der alten Hamburger Kontorhäuser. Das Kontorhaus Stubbenhuk wurde zwischen 1923 und 1925 erbaut.

Links:
Kontorhaus am „Stubbenhuk" – der Straßenname hat zwei mögliche Ursprünge: „Huk" bedeutet so viel wie „Vertiefung" oder „Winkel". Die Kombination mit „Stubbe" im Sinne von „Baumstumpf" könnte auf ein ehemaliges Stubbenfeld in einer Talsenke hinweisen. Eventuell geht der Name aber auch auf einen Herrn Stubbe zurück, der dort von 1649 bis 1722 in einem Eckhaus gewohnt haben soll.

In der Peterstraße zwischen Großneumarkt und „Planten un Blomen“ findet man eindrucksvolle Fassaden aus dem 17. und 18. Jahrhundert. Diese sind jedoch Rekonstruktionen aus den 1960er-Jahren von Häusern aus anderen Hamburger Stadtteilen. In der Peterstraße standen traditionell Fachwerkhäuser. Die Hausnummer 39 beherbergt heute das Telemann-Museum und das Brahms-Museum.

Anfang des 16. Jahrhunderts wurde mit dem „Neuen Wall“ die alte Befestigungsanlage aus dem 13. Jahrhundert modernisiert. Heute ist der „Neue Wall“ als Luxus-Shopping-Meile weltweit berühmt.

Der Gänsemarkt zwischen Jungfernstieg und Staatsoper hat eine ungewöhnliche Form für einen Platz: Er ist dreieckig. Umrahmt wird er von einem Mix aus traditionellen Klinkerbauten und Neubauten verschiedenster Stilarten, „überblickt“ wird der Platz von einer bronzenen Lessing-Statue.

Rechte Seite:
Die Mellin-Passage, die einen Durchgang vom Neuen Wall zu den Alsterarkaden bildet, ist Hamburgs kleinste und älteste Passage. Die kunstvollen Jugendstil-Deckenmalereien und die Wandmalereien, die die Passage seit ihrer Eröffnung 1864 zieren, wurden erst bei Restaurierungsmaßnahmen nach einem Brand 1989 wieder freigelegt.

13

Rechts:
Die Deichtorhallen sind Europas größtes Ausstellungshaus für zeitgenössische Kunst und Fotografie. Sie bestehen aus drei Hallen an zwei Standorten: der „Halle für aktuelle Kunst“ und dem „Haus der Photographie“ gegenüber der neuen HafenCity und der „Sammlung Falckenberg“ in den Phoenix-Hallen in Hamburg-Harburg.

Unten:
Das Konzept für das „Haus der Photographie“ wurde maßgeblich von dem Fotografen und Gründungsdirektor F.C. Gundlach entwickelt. Die Sammlung Gundlach stellt dabei einen wesentlichen Bestandteil des Museums dar. Außerdem zeigt es internationale Wechselausstellungen zur Fotografie des 19. und 20. Jahrhunderts sowie der digitalen Fotokunst des 21. Jahrhunderts.

Oben:
Die Laeiszhalle wurde 1908 als größtes und modernstes Konzerthaus Deutschlands eingeweiht. Der Hamburger Reeder Carl Laeisz vermachte der Stadt in seinem Testament 1,2 Millionen Mark für den Bau „einer würdigen Stätte für die Ausübung und den Genuss edler und ernster Musik“. Bis heute ist sie bekannt für ihre gute Akustik.

Links:
Die Reederei von Carl Laeisz erwarb sich ihren größten Ruhm mit Groß-Seglern, die in den 1860er-Jahren endlich zuverlässig die Fahrt um Kap Horn meisterten. Ihren späteren Sitz hatte die Firma im Laeiszhof, einem Kontorhaus, das 1898 an der Trostbrücke errichtet wurde.

Rechts:
Die fünf evangelischen Kirchen St. Petri, St. Nikolai, St. Katharinen, St. Jacobi und St. Michaelis werden als die Hamburger Hauptkirchen bezeichnet. Die Hauptkirche St. Nikolai findet man heute am Klosterstern in Harvestehude, ursprünglich stand sie jedoch wie die übrigen vier Hauptkirchen in der Altstadt. Die Ruine mit dem 76 Meter hohen Turm ist heute eine Gedenkstätte für den Frieden.

Ganz rechts:
Den charakteristischen Turm des Michels erkennt man in jeder Stadtansicht.

Vom Kirchturm von St. Michaelis aus hat man einen herrlichen Blick, nicht nur über den Hafen, und seine Uhr ist mit acht Metern Durchmesser die größte Turmuhr Deutschlands.

Ganz links:
Die Katharinenkirche direkt gegenüber der Speicherstadt verlor im Zuge der großen Umsiedlung für den Bau des Freihafens 1890 rund 20 000 Gemeindemitglieder. Diese Entwicklung kehrt sich nun durch die Anlage der HafenCity wieder ins Gegenteil, was auch mit einer Grundsanierung der Kirche zwischen 2007 und 2012 einherging.

Links:
St. Petri ist die älteste erhaltene Kirche der Hansestadt. Vermutlich bereits Anfang des 11. Jahrhunderts gegründet, wurde sie Anfang des 14. Jahrhunderts als dreischiffige gotische Hallenkirche errichtet.

Viele bedeutende Orgelbauer und Kantoren waren in St. Petri tätig, unter ihnen Georg Philipp Telemann und Carl Philipp Emanuel Bach. Das Gotteshaus besitzt vier Orgeln, die „Große Orgel" gehört, wie schon der Name vermuten lässt, zu den größten Orgeln der Stadt.

THÄMERS STUBE
Thämer's
THÄMERS
SPEISE KARTE
Art Cafe
Sittsam
Bar Restaurant
in Buhbe's historischer Weinstube von 1864
Duckstein
damit sich hier keiner auf's ohr haut.

FERDINANDSTRASSE 65
3-44 von Theodor Bülau (1800-1861)
bürgerliches Wohnhaus für den Juristen
Voigt erbaut. Eines der wenigen er-
enen Häuser aus der Zeit des Wieder-
aus nach dem großen Stadtbrand von 1842.
odor Bülau erstrebte mit seinen
en die Wiederbelebung der hanse-
ischen Backsteingotik.
einsam mit Nr. 63 dokumentiert das
die stilistische Spannweite der Bau-
in der Mitte des 19. Jhs.
ndsteinfiguren Karls des Großen
es Bischofs Ansgar erinnern an die
ungsgeschichte Hamburgs.
Gasthaus
An der Alster
BECK'S
BECK'S

Linke Seite oben:
Rund um den Großneumarkt werben zahlreiche Kneipen und Cafés um Kundschaft, darunter das beliebte Thämers.

Linke Seite unten:
Das „Gasthaus an der Alster" in der Ferdinandstraße gehört zu den Kulturdenkmälern Hamburgs. Das neugotische Giebelhaus wurde 1842 von Theodor Bülau erbaut.

Das Portugiesenviertel zwischen Landungsbrücken und Venusberg macht seinem Namen alle Ehre und beherbergt zahlreiche portugiesische Lokale. Im Sommer bietet nicht nur das Don José einige begehrte Plätze im Freien und das bunte Treiben in den Straßen hat mediterranes Flair.

Der „Hamburger“ ein Hamburger?

KULINARISCHES

Rechts:
Es muss kein Michelin-Stern sein: Auch auf schlichten Tischen kann man am Hamburger Hafen leckeren Fisch essen.

Unten:
Mit dem Astra Urtyp wird in Hamburg ein Bier gebraut, das dank eines neuen Looks und einer gelungenen Werbekampagne als Kultbier bundesweit bekannt ist. 2003 trug man mit dem Erwerb jeder Flasche Bier zur Rettung des 1. FC St. Pauli bei.

„In Hamborg gifft dat, wie man weet,
verschiedene Gedränk.
Am besten ward man dat gewohr,
steiht man mol an so’n Schenk.
De een drinkt Schweizer, de Anis,
de Beittern, de Likör!
Doch Hamburgs Nationalgedränk,
das it een Köm un Beer.“

Und dieses – nämlich Kümmelschnaps und Bier – trinkt man als „Lütt un Lütt“ (norddeutsch: klein und klein, hier 10 cl Bier und 1 cl Schnaps) gleichzeitig aus zwei Gläsern, die man so in einer Hand hält, dass der Schnaps erst in das Bier und mit diesem dann in den Mund läuft.

Im 15. und 16. Jahrhundert gab es in Hamburg 500 bis 600 Brauereien, über die alten Hanseverbindungen wurde Hamburger Bier bis nach Schweden und Russland exportiert. Eines der Geheimnisse seiner Beliebtheit war das Hinzufügen von Hopfen, der das Getränk haltbarer macht und ihm sein spezielles, bitteres Aroma beschert.

Für ein anderes Lieblingsgetränk ist Hamburg seit Jahrhunderten sogar weltbekannt – Kaffee. Bis heute ist der Hamburger Hafen der größte Kaffeeumschlagplatz der Welt. Leider kann man beim Bummel durch die Speicherstadt keine Bohnen mehr von der Straße sammeln – das letzte Lager wurde Anfang des Jahrtausends in ein Hafensilo umgezogen – und es hat längst nicht mehr jeder Stadtteil seinen eigenen Röster. Aber die durch Massenproduktion lange Zeit unbeachtete Kunst der Kaffeeveredelung ist durch den Trend zu gutem Kaffee nicht zuletzt in Hamburg wieder zu neuem Leben erwacht.

Echt hamburgisch: das Franzbrötchen

Zum Kaffee ein Stück Gebäck? In Hamburg am liebsten ein Franzbrötchen. Es besteht aus Hefeteig, Zimt, Zucker und viel, viel Butter. Um seine Herkunft ranken sich verschiedene Legenden. Erstaunlicherweise bekommt man diesen Hamburger Liebling nach wie vor fast ausschließlich in Hamburg und Umgebung. Zu Hause selbst gebacken wird er eher selten. Das erfordert auch einige Fingerfertigkeit, denn die kalte Butter muss als dünne Schicht zwischen zwei Lagen Hefeteig ausgerollt werden, ohne dass diese reißen. Aufgerollt wird das Ganze dann in Stücke geschnitten und plattgedrückt, sodass die typische Schneckenform entsteht.

Nach zu viel Süßem braucht der Hamburger was „Vernünftiges“. Die meisten bekannten hamburgischen beziehungsweise norddeutschen Gerichte sind sogenannte „Arme-Leute-Essen“ wie Labskaus, Steckrübeneintopf oder „Birnen, Bohnen und Speck“. Ein waschechter Hamburger ist das „Rundstück warm“ – eine Brötchenhälfte mit einer Scheibe Braten und Soße – und möglicherweise der Vorläufer des (englisch ausgesprochenen) „Hamburger“. Ob dessen Ursprung tatsächlich in der Hansestadt zu suchen ist, ist allerdings genauso umstritten wie die dortige Erfindung der Currywurst. Traditionelles Hamburger Fast Food ist natürlich auch das Fischbrötchen. Überhaupt steht logischerweise viel Fisch auf der Hamburger Speisekarte, zum Beispiel als Finkenwerder Scholle mit Speckstippe oder Hamburger Pannfisch mit Bratkartoffeln und Senfsoße. Gehört Fisch auch in die Hamburger Aalsuppe, oder ist da – außer Aal – einfach „alles“ drin, inklusive Backobst? Ein weiterer Diskussionspunkt in Hamburgs Küchen …

Ob ganzer panierter Fisch aus der Pfanne, Austern aus Sylter Aufzucht oder Krabbenbrötchen vom Fischmarkt: Was das Wasser hergibt, wird in Hamburg gern gegessen.

HOLSTEN
Deichgraf
HOLSTEN
HOLSTEN

Linke Seite:
Die Häuser der Deichstraße stammen aus dem frühen 18. Jahrhundert und liegen direkt am Nikolaifleet. Dem Verein „Rettet die Deichstraße" ist es zu verdanken, dass die Häuser in den 1970er-Jahren nicht abgerissen, sondern nach und nach saniert wurden.

Fast alle Gebäude im Gängeviertel stehen unter Denkmalschutz. Eine Initiative setzt sich für den Erhalt und eine Nutzung, unter anderem durch künstlerische und kreative Aktivitäten, ein. Bis zum Jahr 2019 sollen alle Gebäude des Gängeviertels mit öffentlichen Fördergeldern instand gesetzt und modernisiert werden. Neben der Erhaltung der historischen Bausubstanz ist die Bereitstellung von günstigem Wohnraum durch Mietpreisbindung erklärtes Ziel.

Hamburgs Stadtteile – von Arbeitervierteln und Stadthäusern

„Eymersbuttele“, „Herr Wardes Hude“ oder „Bernebeke“: So hießen sie einmal, die Dörfer, die einst weit vor Hamburgs Toren lagen und heute als Eimsbüttel, Harvestehude oder Barmbek bekannt sind. Die Städter interessierten sich vermutlich wenig für sie. Und auch von dem, was direkt vor den Befestigungsmauern lag, wollten sie wohl am liebsten gar nichts wissen, von der stinkenden Tranbrennerei und dem Pesthaus auf dem Hamburger Berg (dem heutigen St. Pauli) oder von dem Asyl für Leprakranke, den Viehställen und der Müllhalde in St. Georg. Im 17. und 18. Jahrhundert wurde es dann aber schließlich unerträglich eng innerhalb der Stadttore und die, die es sich leisten konnten, begannen, sich repräsentative Landhäuser

Am Container-Terminal Burchardkai wurden 1968 die ersten „Stahlkartons" verladen. Mit 25 Containerbrücken ist er heute nicht nur der älteste, sondern auch der größte Containerumschlagplatz im Hamburger Hafen.

im Grünen zu bauen. Viele Villen, beispielsweise auf der Uhlenhorst, waren ursprünglich solche „Ferienhäuser" reicher Hamburger Kaufleute.

Noch bis Mitte des 19. Jahrhunderts gab es aber keine Besiedlung des Hamburger Umlands im großen Stil. Zu unpraktisch war es, sich nach den Torschlusszeiten zu richten, in denen es unmöglich – oder aber teuer – war, die Befestigungsanlagen der Stadt zu passieren. Ende 1860 endlich wurde die Torsperre, die dem Hamburger Rat bis dahin willkommene Einnahmequelle gewesen war, aufgehoben. Im Zusammenspiel mit der Industrialisierung und dem Boom der Gründerzeit entwickelte sich Hamburgs Umland daraufhin rasant.

Rund um die Außenalster erwarben clevere Kaufleute Ländereien und entwässerten, parzellierten und bebauten sie – unter strengen Vorschriften: keine Wohnblöcke, kein Gewerbe. Stattdessen entstanden zum Beispiel die in Harvestehude und Winterhude noch häufig zu findenden prächtigen Villenreihenhäuser, die sogenannten Stadthäuser.

„Hamburger Burg"

Andere Bezirke wurden zu dichtbesiedelten Arbeitervierteln. In Eimsbüttel und Eppendorf, in St. Georg und St. Pauli entstanden zahllose Etagenhäuser mit günstigem Wohnraum für Arbeiter und einfache Angestellte. Die große Herausforderung dabei war stets, den vorhandenen Raum so gut

Oben:
Die Speicherstadt zwischen Altstadt und HafenCity ist der größte zusammenhängende Lagerhauskomplex der Welt. Die Gründerzeitbauten haben jeweils Zugänge von einer Straßen- und einer Wasserseite, sodass die Waren direkt vom Boot aus eingelagert werden konnten.

Rechts:
Nicht nur am Tage sehenswert: Im Abendlicht erstrahlen die Backsteinfassaden der Speicherstadt besonders schön. Nach Einbruch der Dunkelheit werden sie kunstvoll beleuchtet.

Oben:
Die Hafenpolizeiwache 2 an der Kehrwiederspitze beherbergt die Wasserschutzpolizei. Das 1899 erbaute Gebäude, das von den Beamten gern Schlösschen genannt wird, dient auch als Kulisse für Fernsehserien.

Links:
In der Speicherstadt werden bis heute Waren gelagert, vor allem Teppiche, immer mehr Flächen werden aber auch als Büros benutzt. Unter anderem arbeitet die Hafenbehörde Hamburg Port Authority von hier aus. Dazu gibt es zahlreiche Museen, wie das Zoll- oder das Gewürzmuseum.

Linke Seite:
Viele der Brücken, die über die Fleete der Speicherstadt führen, stehen heute unter Denkmalschutz. An der Kibbelstegbrücke kann man es sich auch kulinarisch gut gehen lassen.

Blick auf die St.-Annen-Brücke und das malerische ehemalige Verwaltungsgebäude der Speicherstadt, das Ende des 19. Jahrhunderts errichtet wurde.

Ein besonderes Hamburg-Erlebnis ist die Erkundung der Speicherstadt per Schiff. Kaum eine Hafenrundfahrt lässt diesen Abstecher in die alten Zeiten aus. Die Einfahrt in die Speicherstadtfleete ist jedoch tidenabhängig.

Seite 76/77:
Alt und Neu in unmittelbarer Nachbarschaft: Die modernen Bauten der HafenCity stehen im attraktiven Kontrast zu den altehrwürdigen Lagerhäusern der Speicherstadt. Besonders schön sieht man das von oben, zum Beispiel vom Turm des Mahnmals St. Nikolai.

Seite 78/79:
Das Chilehaus macht's vor: Wie das berühmte Kontorhaus in der Hamburger Altstadt greifen so manche Neubauten in der HafenCity das maritime Flair ihrer Umgebung auf. So laufen zum Beispiel auch das Deichtorhaus und das SPIEGEL-Haus wie ein Schiffsbug spitz zu.

KÜHNE NAGEL

Unten:
Hamburgs Hafengeburtstag ist jedes Jahr ein großer Besuchermagnet. Für den besten Blick auf das Schiffsspektakel wird manch einer gar zum Baumkletterer.

Rechts:
Beim Hafengeburtstag wird es voll auf der Elbe. Neben den großen Kreuzfahrern tummeln sich unzählige Schlepper, Barkassen, Fischkutter, Sportboote und viele mehr auf dem Wasser.

Oben:
Beim Hafengeburtstag ist regelmäßig auch das „größte reisende Riesenrad“ eine der Hauptattraktionen. Aus sechzig Metern Höhe hat man einen traumhaften Blick über Hafen und Stadt.

Seite 88/89:
Auch bei Nacht bietet der Hamburger Hafen einen eindrucksvollen Anblick. Das große Lichtermeer ist aber nicht nur schön anzusehen, sondern auch funktional: Im Hafen wird bei Tag und bei Nacht gearbeitet.

POLIZEI
AIDAcara
GENOVA
www.aida.de
BÜRGERMEISTER
BRAUER
HAMBURG

MSC ILONA
HAMBURG
BLOHM + VOSS DOCK

Der Waltershofer Hafen ist der Kern des modernen Welthafens Hamburg. Er zweigt gleich am Eingang zum Hamburger Hafen nach Süden von der Norderelbe ab, dadurch kann er auch von Großschiffen problemlos angefahren werden, die sonst mühsam durch die schmaleren Hafenanlagen weiter östlich gelotst werden müssten oder in diese wegen ihres Tiefgangs gar nicht erst einfahren könnten.

Mit dem Terminal Burchardkai auf der Ostseite und dem Terminal Eurokai auf der Westseite des Waltershofer Hafens begann 1967 der Ausbau zum Containerumschlagplatz. Die ersten Containerbrücken schlugen etwa 15 Container pro Stunde um – hochgerechnet ergibt das rund 50 000 Container im Jahr. Mitte der 1980er-Jahre wurden in Hamburg erstmals eine Million Container pro Jahr abgefertigt, die zweite Million war dann schon Anfang der 1990er-Jahre erreicht.

Altehrwürdig und hochmodern –

DER HAMBURGER HAFEN

Oben:
Der Hamburger Segelschiffhafen (hier eine Ansicht von 1906) wurde 1888 auf dem Kleinen Grasbrook gegenüber der heutigen HafenCity angelegt. In den 1970er-Jahren wurde er zugeschüttet, um Platz für Lagerhallen zu schaffen.

Rechts:
Die heutigen Containeranlagen sind hochtechnisierte Logistikwunder, in denen im Verhältnis zur Containermenge kaum noch Menschen arbeiten. Alles wird über Computer gesteuert.

Seite 94/95:
Wie eine Großbaustelle, die nie fertig wird, oder wie ein gigantisches Kranlager: So präsentiert sich der Hamburger Hafen beim Blick vom Turm des Mahnmals St. Nikolai.

„Ein 120 Meter langer Anleger aus Holz" – so lautet die erste Beschreibung des Hamburger Hafens aus dem 9. Jahrhundert. Die Stadt hatte damals gerade 200 Einwohner. Heute ist der Hamburger Hafen der größte deutsche Seehafen und besitzt das modernste Containerterminal der Welt.

Stolz auf seine Tradition und dabei stets im Wandel – das ist seine Erfolgsmixtur. Auf diese Weise ist er gleichzeitig Touristenattraktion Nummer eins und boomendes Wirtschaftszentrum. Der Nostalgiefan spaziert am Nordufer der Elbe vom Museumshafen Oevelgönne über die Landungsbrücken zur Speicherstadt, fährt unterwegs, wie früher die Hafenarbeiter, mit dem Fahrstuhl hinab in den Alten Elbtunnel, träumt beim Anblick der alten Dreimastbark „Rickmer Rickmers" vom großen Abenteuer auf See und atmet im Gewürzmuseum den Duft der einstmals so fernen Welt des Orients.

Den unmittelbarsten Eindruck vom ständig pulsierenden, gigantischen Warenumschlagplatz bekommt man bei einer Autofahrt über die Köhlbrandbrücke: Eingepfercht zwischen rumpelnden Sattelschleppern blickt man aus 54 Metern Höhe über eine schier endlose „Landschaft" aus Kanälen, Lagerhallen, Containerstapeln, Kränen und natürlich Schiffen jedweder Art und Größe.

Zu den größten zählen die 396 Meter lange „Alexander von Humboldt", die 16 000 Container laden kann und 2013 im Hamburger Hafen getauft wurde, und die „Queen Mary 2", die mehrmals im Jahr tausende Schaulustige anlockt, die die „Königin" der Kreuzfahrtschiffe rumpfnah bestaunen wollen. Wie Nussschalen erscheinen daneben die kaum fünf Meter langen Schiffe der drei Berufsfischer, die die Genehmigung haben, im Hafengebiet Aal, Barsch, Stint oder Zander aus der Elbe zu holen – nicht ganz ungefährlich zwischen all den großen Pötten. Etwa 10 000 Schiffe pro Jahr laufen den Hamburger Hafen an. Kaum einer der

Frachter oder Kreuzfahrer bleibt länger als ein, zwei Tage, um Waren oder Passagiere aufzunehmen oder abzuladen – bei den hohen Liegegebühren zahlt Schnelligkeit sich aus.

Beständiger Wandel

Auch baulich war und ist der Hafen ständig im Wandel. Um neuen Ansprüchen gerecht zu werden, wurden Kanäle und Hafenbecken angelegt und wieder zugeschüttet, Lagerhallen gebaut und wieder abgerissen, die Bewohner ganzer Stadtteile oder Dörfer zwangsumgesiedelt. Der Verlauf der Elbe wurde verändert, und ständig musste der Fluss ausgebaggert werden, weil die Schiffe immer größer wurden und immer mehr Tiefgang hatten. Ein Problem, das den Hafen heute mehr denn je beschäftigt und aufgrund dessen er nur noch nach Westen hin wächst: Die riesigen Containerschiffe kommen nicht mehr über den Alten Elbtunnel hinweg. Wer weiß, wie lange sie es überhaupt noch die Elbe hinaufschaffen.

Im Ostteil dagegen werden Flächen frei – und die Stadt erobert sich erstmals wieder ein Stück Hafen zurück. Direkt neben den altehrwürdigen Backsteinbauten der Speicherstadt, um den Grasbrook herum, die ehemalige Hinrichtungsstätte der Stadt, auf der unter anderem angeblich der Seeräuber Klaus Störtebeker seinen Kopf verlor, entsteht die HafenCity: 5500 Wohnungen, 45 000 Arbeitsplätze, eine neue Universität, eine neue U-Bahn, ein neues Konzerthaus, viel Glas und Stahl – ein neuer Ort im Hafen Hamburg voller Tradition und Moderne.

Oben:
Schwindelfrei muss man sein und ein gutes Auge für Maße und Entfernungen haben – wenn man als Containerbrückenfahrer arbeiten will. Die Kabine, in der die Fahrer auf der Brücke vor- und zurückdüsen und die Verladung der großen Stahlboxen steuern, ist rundum aus Sicherheitsglas und erlaubt freie Sicht nach allen Seiten – auch nach unten.

Ganz oben links:
Erfunden wurden die stählernen Frachtcontainer – die sich hier vor einem Pfeiler der Köhlbrandbrücke stapeln – 1956 in den USA. Mit der US-Armee kamen sie in den 1960er-Jahren nach Deutschland. Diese 20-Fuß-Standard-Container mit den Maßen 6,058 mal 2,438 mal 2,591 Metern sind zusammen mit den hinzugekommenen doppelt so langen 40-Fuß-Containern noch immer die gängigen Formate.

Links:
Bevor der Transport mit Containern sich durchsetzte, wurden die Waren als einzelnes Stückgut mit Hafenkränen verladen. Die ersten kamen 1866 am Sandtorhafen zum Einsatz. Im Hafenmuseum kann man live erleben, wie mit den alten Kränen gearbeitet wurde.

HANJIN

Oben:
Die Fischauktionshalle am St.-Pauli-Fischmarkt wurde 1894 auf damals Altonaer Boden gebaut. Nach der starken Zerstörung im Zweiten Weltkrieg und mit dem Ende der Auktion Mitte der 1950er-Jahre verfiel die Halle und stand vor dem Abriss. In den 1980er-Jahren wurde sie kernsaniert und wird heute für Veranstaltungen genutzt.

Rechts:
Vermutlich die prominenteste Straße Deutschlands in den 1980er-Jahren: die Hafenstraße. Von den damaligen Straßenbarrikaden, Hausbesetzungen und -räumungen zeugt heute nur noch manch farbige Fassade.

Oben:
Am Fiete-Schmidt-Anleger bei den Landungsbrücken liegt die Rickmer Rickmers vor Anker. Der grüne Dreimastsegler stach 1896 erstmals in See, seit 1978 ist er als Museumsschiff im Hamburger Hafen im Einsatz.

Links:
Schmucker Eingang zu einem ganz besonderen Verkehrsweg: Die Einfahrt zum Alten Elbtunnel erfolgt nicht über eine Zufahrtsrampe, sondern über Aufzüge. Vier Fahrkörbe auf jeder Elbseite befördern die Autos in 24 Meter Tiefe.

Seite 98/99:
Die Hauptschlagader des Hamburger Hafens ist die Norderelbe. Sie ist nur 17 Kilometer lang: Von Südosten kommend trennt sich die Elbe kurz vor den Toren Hamburgs in Norder- und Süderelbe, die sich schon am Westrand des Hafens wieder vereinen.

Carlsberg

Unten:
Die „Große Freiheit“ ist als Nebenstraße der Reeperbahn vor allem für ihre Musikclubs bekannt. Dabei steht an ihrem Ende eine der schönsten Barockkirchen Norddeutschlands: die katholische St.-Joseph-Kirche.

Ganz unten:
Hans Albers – einer der „großen Söhne“ der Hansestadt – wurde 1891 als Sohn eines Schlachters im Stadtteil St. Georg geboren. Die Bronzestatue des Volksschauspielers mit dem Schifferklavier in der Hand, die auf dem Hans-Albers-Platz an der Reeperbahn steht, schuf der Künstler Jörg Immendorff.

Rechts:
Das Polizeirevier der Davidwache ist mit nur knapp einem Quadratkilometer das kleinste Europas. 1914 wurde es in unmittelbarer Nachbarschaft zum St.-Pauli-Theater gebaut, das schon seit 1841 am Spielbudenplatz steht. Damit ist es eines der ältesten Theater Deutschlands.

ST. PAULI-THEATER
POLIZEI
GAULOISES
POLIZEI

Schmidt

Linke Seite:
Am 8.8.88 um 8 Uhr 8 öffnete das Schmidt Theater am Spielbudenplatz den Vorhang. Seitdem nehmen die Zuschauer auf roten Samtsesseln und -sofas Platz um „Unterhaltung für Kopf, Bauch und Herz“ zu genießen.

Seit 2008 gibt es den Beatles-Platz an der Ecke Reeperbahn/Große Freiheit. Auf einer aus Pflastersteinen nachempfundenen Vinyl-schallplatte posieren die vier Musiker als metallene Umrissskulpturen in Band-Formation.

Die Kneipe „Zum Seeteufel“ an der Elbchaussee in Altona war ursprünglich Lieblings-treffpunkt der Seefahrtschüler der nahegelegenen Seemannsschule. Diese gibt es heute nicht mehr, der „Seeteufel“ aber ist nach wie vor beliebt – und das nicht nur bei Seeleuten.

Von Telemann bis Tocotronic –

MUSIK IN HAMBURG

Rechts:
Hans Albers live in Hamburg erleben – das war einmal. In der Kneipe „Zum Seeteufel" lässt der Essener Schauspieler Peter-Maria Anselstetter den unvergessenen Sänger zuweilen wiederauferstehen.

Mitte:
Seit 1994 zeigt das „Theater im Hafen" gegenüber der Landungsbrücken Musicals und schon seit über zehn Jahren den „König der Löwen". Mit dem Schiff-Shuttle gelangen die Besucher über die Elbe.

1678 öffnete am Gänsemarkt die erste Bürgeroper Deutschlands ihren Vorhang – mit Platz für 2000 Zuschauer! Georg Friedrich Händel komponierte für die Bühne ebenso wie Georg Philipp Telemann, der als Leiter des Hauses mindestens 25 Opern komponierte. 46 Jahre lang wirkte er in der Hansestadt, schrieb unter anderem die „Alster-Ouvertüre" und die Festkantaten „Hamburger Ebb' und Flut". Auch sein Patensohn und Nachfolger im Amt Carl Phillipp Emanuel Bach, der „Hamburger Bach", prägte das Musikleben der Stadt und beschenkte sie mit seinen „Hamburger Sonaten".

Ein echtes Hamburger Kind ist Johannes Brahms, geboren in einem der Hamburger Gängeviertel. Auch wenn er später nur kurze Zeiten in Hamburg tätig war, so ist er doch mit Sicherheit der „weltberühmteste" Hamburger Komponist, dem man im Brahms-Foyer der Laeiszhalle, des 1908 eröffneten neobarocken Konzerthauses, ein überlebensgroßes Marmordenkmal setzte. Und nicht nur „alte Meister" sind in Hamburg zu finden. Die jüngste Büste im selbigen Foyer wurde im Jahr 2000 aufgestellt und zeigt einen der bedeutendsten Komponisten der Moderne, Alfred Schnittke, der von 1990 bis zu seinem Tod 1998 in Hamburg lehrte und komponierte. Auch weltberühmte Dirigenten beehrten Hamburg mit ihrem Schaffen. Gustav Mahler zum Beispiel revolutionierte als Kapellmeister des Stadttheaters, der heutigen Staatsoper, mit seiner innovativen Opernarbeit das Musiktheater.

Die heute in Hamburg populärste Form des Musiktheaters ist sicherlich das Musical, man spricht von Hamburg auch als der Musical-Hauptstadt Deutschlands, die weltweit als drittgrößte Musicalmetropole gleich hinter New York und London rangiert. Der Boom begann 1985 mit „Cats" im Operettenhaus am Spielbudenplatz, heute ist das fünfte Musicaltheater im Bau und mit „Linie S1" gibt es sogar ein eigenes Hamburg-Musical.

Von Schlager bis Jazz

Zur Unterhaltungsmusik in Hamburg fällt einem natürlich auch sofort der große Hamburg-Schlager „Auf der Reeperbahn nachts um halb eins" ein, den Hans Albers im gleichnamigen Film von 1954 mit rauchiger Stimme unsterblich machte. In der Nachkriegszeit erlebte aber auch der Jazz, in Hamburg „Jatz" genannt, eine große Blüte, legendäre Musiker wie Louis Armstrong, Kid Ory oder Chris Barber traten hier auf.

Und dann kamen die Beatles. „In Hamburg sind wir erwachsen geworden", soll John Lennon gesagt haben. Verbürgt ist, dass die Jungs aus Liverpool sich zwischen 1960 und 1962 in der Hansestadt ihren Pilzkopfhaarschnitt zulegten, hier ihre erste Schallplatte aufnahmen und sich bei Ihren Auftritten im Kaiserkeller, im Top Ten Club und im Star Club zu einer professionellen Liveband entwickelten.

Mitte der 1970er-Jahre prägte die „Hamburger Szene" das Musikleben der Stadt. Im Umfeld von „Onkel Pö's Carnegie Hall" kreierten Musiker wie Udo Lindenberg, Otto, Willem, Helga Feddersen oder Bands wie Leinemann und Truck Stop eine Mischung aus Jazz und Spaßmusik und wurden damit auch als „Hamburger gute Laune" bekannt. In den 1980er-Jahren entstanden mit „Helloween" und „Running Wild" zwei überaus erfolgreiche Metalbands in Hamburg. Und etwa zur gleichen Zeit entwickelte sich die „Hamburger Schule" mit Bands wie Tocotronic, Blumfeld oder Die Sterne, die mit einer Mischung aus Indie, Punk, Grunge und Pop und anspruchsvollen deutschsprachigen Texten bundesweit einen Trend setzten.

Oben:
Am letzten Maiwochenende lockt seit 2010 ein besonderes Musik-Ereignis in den Hamburger Hafen: das Elbjazz-Festival. Rund 50 Konzerte finden an so ungewöhnlichen Schauplätzen wie auf alten Frachtern oder einem Werftgelände statt, Barkassen fahren die Zuhörer von Bühne zu Bühne.

Links:
Im Tonstudio im Hamburger „Hafenklang" nahmen schon Udo Lindenberg und die Einstürzenden Neubauten auf. Im Keller des historischen Gebäudes aus dem 19. Jahrhundert und im sogenannten „Goldenen Salon" finden Konzerte und Partys der alternativen Szene statt.

Ganz oben links:
„Kultur für alle" ist seit Anbeginn das Motto der Fabrik in Altona. Miles Davis, Chris de Burgh, Meat Loaf und zahlreiche weitere Weltstars standen schon auf ihrer Bühne.

Ottensen ist eines der Hamburger In-Viertel, ausgelöst vor allem durch die kreative Szene, die sich hier niedergelassen hat. Der Phoenixhof – wie er seit 1996 heißt – ist ein 14 000 Quadratmeter großes Areal, auf dem im vergangenen Jahrhundert unter anderem von den Ottensener Eisenwerken Schiffsmaschinen gebaut wurden, daneben lagerten in großen Hallen zum Beispiel Salz, Antiquitäten oder Konserven. Heute befinden sich hier Kreativbüros, eine Kochschule, eine Kunstakademie und vieles mehr. In den „Zeisehallen“ wurden 111 Jahre lang riesige Schiffsschrauben gefertigt, bis das Geschäft 1979 eingestellt wurde. Heute kann man in dem Industriegebäude ins Kino gehen und großartige Pizzen essen.

Links:
In direkter Nachbarschaft zu Ottensen, in Bahrenfeld hat der Maler Johannes Duwe sein Atelier im „Kraftwerk", einem ehemaligen Fabrik-Loftgebäude.

Unten:
Die ehemalige Maschinenfabrik Gutmann in der Völckersstraße. Ungenutzte alte Industrieanlagen und Fabrikgebäude schaffen das besondere Flair von Ottensen.

Das Leben findet draußen statt: Spricht man in Hamburg auch nicht von „seinem Kiez“ wie in Berlin, so identifizieren sich die Hamburger doch genauso sehr mit ihren Wohnvierteln. Diese sind vielfach eigene kleine Zentren mit Geschäften, Kneipen und Cafés. Längst kein Geheimtipp mehr sind die „Schanze“ (oben) oder Ottensen (rechts).

Oben:
Bunt und multikulti geht es im Karo-Viertel neben dem Heiligengeistfeld zu. Der Name kommt vom hier gelegenen Heizkraftwerk Karoline, das 1989 stillgelegt wurde.

Links:
Für einen Einkaufsbummel ohne die üblichen „Ketten-Läden" der Fußgängerzonen oder eine gemütliche Kneipentour mit alternativem Flair zieht es die Hamburger ins Schanzenviertel.

Beides geht nicht:

HSV ODER ST. PAULI

Oben:
Der Ausnahmefußballer Uwe Seeler war der erste Torschützenkönig der Bundesliga, in der Saison 1963/64 erzielte er 30 Treffer für den HSV. Dem Verein blieb er seine gesamte Karriere über treu.

Mitte:
Im Millerntorstadion des FC St. Pauli ist man noch hautnah am Spielfeldrand dabei. Der überwiegende Teil der Plätze sind Stehplätze – sicher ein wesentlicher Grund für die einmalige Atmosphäre hier.

Rechts:
Beim Umbau des HSV-Stadions in den Jahren 1998 bis 2000 wurde die Lage des Spielfeldes um 90 Grad gedreht. Für den „heiligen Rasen" wurde eine Heizung installiert und für das Dach ein Material gewählt, das genau die UV-Strahlen durchlässt, die das Grün zum Wachsen braucht.

Mit knapp 170 000 Aktiven spielen ziemlich genau zehn Prozent der 1,7 Millionen Einwohner Hamburgs Fußball, darunter etwa 20 000 Frauen. Damit liegt die Hansestadt um einiges über dem Bundesdurchschnitt. Aber auch wenn hier in fast 450 Vereinen und über 3000 Mannschaften das runde Leder mal mehr, mal weniger gekonnt über den Rasen gekickt wird, so denkt man im übrigen Deutschland doch immer nur an zwei Clubs, wenn es um Fußball in Hamburg geht: den HSV und den FC St. Pauli.

Beide Vereine sind über 100 Jahre alt. Dabei hat der HSV (gegründet 1887) die großen Erfolge aufzuweisen. Immerhin wurden die „Rothosen" (obwohl die Vereinsfarben blau, weiß und schwarz sind) schon sechsmal Deutscher Meister, dreimal Pokalsieger, zweimal Ligapokalsieger, 1977 Europapokalsieger der Pokalsieger und 1983 Europapokalsieger der Landesmeister. Darüber hinaus ist der HSV der „Dino" der Bundesliga, nämlich der einzige Verein, der seit deren Gründung 1963 ununterbrochen dabei ist. Mit dem Start der Bundesliga war auch der Umzug von der Anlage am „Rothenbaum" ins „Volksparkstadion" in Bahrenfeld notwendig. Letzteres heißt inzwischen „Arena" (wie es heute so üblich ist mit einem je nach Sponsor wechselnden Namensvorsatz) und fasst 57 000 Zuschauer – bei einem Durchschnitt von 55 000 Besuchern pro Spiel!

Aber nicht nur durch seine Erfolge wurde der HSV weltweit bekannt, sondern auch durch besondere Spielerpersönlichkeiten: zum Beispiel Jupp Posipal als Mitglied der Mannschaft, die 1954 sensationell Weltmeister wurde, oder Uwe Seeler, Ehrenkapitän der Nationalmannschaft und auch Ehrenbürger Hamburgs.

Fans mit Herz und Charakter

So viel Glanz und Gloria können die „Braun-Weißen“ vom FC St. Pauli (von 1910) natürlich nicht aufweisen. Aber auch sie hatten Erfolge, die Geschichte machten: 2002, als der Kult-Club gerade mal wieder in der 1. Liga spielte, besiegte das Team als Tabellenletzter mit 2:1 den Rekordmeister FC Bayern München, der wenige Wochen vorher den Weltpokal gewonnen hatte, und wurde sogenannter „Weltpokalsiegerbesieger“. Außerdem endete das bisher letzte Spiel gegen den Lokalrivalen HSV mit einem überraschenden 1:0-Sieg für St. Pauli – ein sehr wichtiger Tatbestand für Paulianer! Dass die Gesamtbilanz acht zu zwei Siege für den HSV aufweist, kann man da gut vergessen. Ansonsten blieben die großen Erfolge für den FC eher aus, ständige Auf- und Abstiege ziehen sich wie ein roter Faden durch die Vereinsgeschichte. Das prägt – und schafft eine besonders treue Fangemeinde mit Herz und Charakter. Nicht umsonst ist der typische St.-Pauli-Totenkopf auf schwarzem Grund bis weit über die Grenzen der Hansestadt beliebt und begegnet einem auf Kappen oder Kapuzenpullis überall auf der Welt. Und entsprechend lautet der Fansong: „You'll never walk alone“. Dazu gehört auch, dass der Club noch immer da beheimatet ist, woher sein Name stammt. Dort, im Stadtteil St. Pauli, besitzt er ganz in der Nähe der Reeperbahn ein eigenes Stadion. Und das „Millerntor“ wird – nicht zuletzt auf eindeutige Forderung der Mitglieder und Fans – nicht kommerzialisiert, ist aber fast immer mit knapp 30 000 Besuchern ausverkauft.

Oben:
Seit den 1980er-Jahren ist der Totenkopf das Zeichen der Fans am Millerntor. Offiziell ist das weltberühmte Logo seit 1996 als Marke eingetragen.

Links:
Mit einer Protestaktion „Bring back St. Pauli“ forderten die Fans 2011, dass ihr Verein nicht dem Kommerzdruck der Bundesliga folgen, sondern ein Kiezclub bleiben solle, bei dem der Fußball im Mittelpunkt steht.

Links:
St.-Pauli-Spiele ziehen die Fans nicht nur ins Stadion, auch bei öffentlichen Übertragungen ist ordentlich was los, wie hier in der Schlachthofpassage.

Ein beliebtes Ausflugsziel in Blankenese ist das Falkensteiner Ufer. Von hier aus kann man nicht nur Schiffe beobachten, der feine Sandstrand lädt auch zum Bad in der Elbe ein.

Vom Falkensteiner Ufer stadtauswärts gelangt man ans Wittenberger Ufer, das zum Stadtteil Rissen gehört. Der Leuchtturm Wittenbergen geleitet seit 1900 die Schiffe elbabwärts, seit 2004 steht er unter Denkmalschutz.

Rechte Seite:
Früher war Oevelgönne ein kleines Fischerdorf, dessen Bewohner auch mit Fährdiensten über die Elbe ihren Lebensunterhalt verdienten. Die traditionellen Schiffe kann man heute im Museumshafen besichtigen – und hinterher noch ein bisschen am Strand in der Sonne liegen.

SUTSCHE

Oevelgönne ist eines der wenigen Stadtviertel Hamburgs, zu denen Autos keinen „Zutritt“ haben. Die alten Häuser am Hang – mit Traumblick übers Wasser – sind nur über Treppen erreichbar.

Seite 118/119:
Bei gutem Fahrwetter steigt bei den Deichtorhallen alle Viertelstunde der Highflyer in 150 Meter Höhe – und bleibt dabei mit einem Stahlseil fest im Boden verankert. Vom Aussichtsring unterhalb des Fesselballons hat man einen fantastischen Blick über Hamburgs Innenstadt, den Hafen und die Außenalster.

Links:
Am Elbufer in Oevelgönne verläuft einer der beliebtesten Spazierwege Hamburgs. Einen schmalen Fußweg entlang geht es direkt an den Vorgärten der idyllischen alten Fischer- und Lotsenhäuser vorbei.

Unten:
Mehrere Gebäude des alten Dorfkerns von Hamburg-Osdorf sind noch erhalten. Die wunderschönen Häuser gehen bis auf das 16. Jahrhundert zurück und sind zum Teil reetgedeckt.

An der Außenalster zu sein, ist wie ein kleiner Urlaub. Der große See ist wie ein Ruhepol mitten im Zentrum der hektischen Stadt.

Fast zu jeder Tageszeit sieht man Segelboote auf der Außenalster vorbeiziehen, im Sommer sind die Rasenflächen beliebte Treffpunkte, und die wöchentliche Joggingrunde oder der Sonntagsspaziergang „einmal ganz rum" ist für unzählige Hamburger ein geliebtes Ritual.

Wer die Außenalster selbst „erfahren“ will, mietet sich an einer der vielen Verleihstellen ein Tret- oder Ruderboot, ein Kanu oder ein Kajak. Die anderen lassen sich vom Alsterdampfer übers Wasser schippern.

Wer lieber auf festem Boden bleibt, findet Platz auf den Stegen der Anlegestellen oder Cafés oder versammelt sich zum abendlichen Grillen auf den Alsterwiesen am Westufer.

Rechts:
Nicht nur eine schöne Aussicht, sondern auch einen schönen Anblick bietet der winterliche kleine Park zwischen der Straße „Bellevue“ und der Außenalster. Die Spuren der Spaziergänger bestätigen seine Beliebtheit.

Unten:
Auch im tiefsten Winter ist ein Spaziergang um die Außenalster ein Vergnügen. Sollte man auf der etwa 7,5 Kilometer langen Strecke kalte Füße kriegen, gibt es zum Beispiel bei den Vereinshäusern der Rudervereine Einkehrmöglichkeiten. Sind die Stiefel warm genug, kann man die Hände auch an einem Glühweinbecher bei den zu Kiosken umfunktionierten ehemaligen Klohäuschen wärmen.

Oben:
Betreten auf eigene Gefahr: Wenn die Temperaturen lange genug unter Null bleiben, die gesamte Wasserfläche zufriert und die Behörde für Stadtentwicklung und Umwelt einen entsprechenden Eiszustandsbericht veröffentlicht (etwa 20 Zentimeter Eisdecke sind nötig), wird die Außenalster zum Volksfestplatz – ein unvergleichliches, leider viel zu seltenes Spektakel!

Links:
Leer liegt der Bootsanleger auf der Liebesinsel im Stadtpark im Winter. Die Wasserwege sind vereist und nur der Pavillon setzt einen roten Akzent in die weiße Landschaft. Im Sommer kann man hier Ruderboote, Tretboote und Kanus leihen.

Genuss auf dem Wasser: Auf vielen Stegen entlang der Alsterarme und -kanäle haben Cafés ihre Tische und Stühle aufgestellt. Wie in einem Straßencafé kann man hier den vorbeiziehenden Verkehr beobachten, und das sehr viel idyllischer und ein gutes Stück leiser.

Rechts:
Klassisch schön sind die gründerzeitlichen Stadtvillen an der Blumenstraße in Winterhude. Und sie haben direkten Zugang zum Wasser: Die Gärten der Häuser grenzen hinten an den Rondeelkanal, der von der Außenalster abzweigt und im Rondeelteich endet.

Unten:
Im südlichen Winterhude ist vielfach noch die um die Jahrhundertwende zum 20. Jahrhundert typische Blockbebauung mit Mehrfamilienhäusern erhalten. Wie hier am Schinkelplatz ließ man zwischendrin Blöcke unbebaut, die bis heute Raum zur Erholung oder Freizeitbeschäftigung bieten.

Oben:
Der Eingang zum Budge Palais, beziehungsweise zur Hochschule für Musik und Theater in Pöseldorf: In exklusiver Umgebung und mit Blick auf die Außenalster werden in dem 1887 erbauten Anwesen die verschiedenen Bühnenkünste studiert und auch präsentiert, unter anderem im Mendelssohn-Saal, einem historischen Kammermusiksaal.

Links:
Bei Backsteinarchitektur denkt man in Hamburg zuerst an die Kontorhäuser der Innenstadt oder die Arbeitersiedlungen zum Beispiel in Barmbek. Aber auch viele der luxuriösen Stadtvillen in den edlen Vierteln rund um die Außenalster, wie hier in Winterhude, wurden aus den roten Quadern errichtet.

Oben:
Ursprünglich war Eppendorf ein Stadtviertel für Arbeiter und einfache Angestellte. Heute können sich nur noch Besserverdiener die schönen Altbauwohnungen leisten.

Rechts:
1939 wurde die Konditorei Lindtner in Eppendorf gegründet, trotzte allen Kriegswirren und ist bis heute weit über die Stadtgrenzen hinaus für ihre Torten und Pralinen berühmt.

Oben:
Das Gymnasium Eppendorf wurde 1904 als „Vor- und Realschule für Jungen“ an der Hegestraße eröffnet, stieg schnell zur Oberrealschule auf und ist seit 1957 Gymnasium. Seit 1971 dürfen auch Mädchen hier lernen.

Links:
Der Isemarkt ist eine Hamburger Institution. Unter den alten Hochbahn-Gleisen der U-Bahnlinie U3 zwischen den Haltestellen „Eppendorfer Baum“ und „Hoheluftbrücke“ findet dienstags und freitags vormittags Europas längster Wochenmarkt statt. Auf einem Kilometer Länge wird hier gehandelt, flaniert und geklönt.

Links:
Mitten im Jenisch-Park in den feinen Elbvororten steht das Jenisch-Haus, das sich der Hamburger Senator Martin Johann von Jenisch 1831 bis 1834 bauen ließ. Heute beherbergt es ein Museum, das Mobiliar und Kunst des Großbürgertums aus dieser Zeit zeigt.

Unten:
Als „Muster genossenschaftlichen Wohnens" gilt die zwischen 1905 und 1912 errichtete Wohnanlage in der Mendelssohnstraße in Bahrenfeld. Die Fassade steht unter Milieuschutz, neben dem parkartigen Innenhof gehören Mietergärten zum Gesamtensemble.

Oben:
Schon Ende des 18. Jahrhunderts entstanden an der Elbchaussee die ersten Landhäuser reicher Hamburger Kaufleute, bevorzugte Lage natürlich der Elbhang mit traumhaftem, unverbaubarem Blick. Viele der vorrangig weißen klassizistischen Villen kann man dort noch immer bewundern.

Schön bis an die Grenzen – noble Vororte und eine weit entlegene Insel

Hamburg ist nach Bremen das zweitkleinste Bundesland Deutschlands und seine Grenzen sind vom Zentrum aus schnell erreicht. Macht man sich einmal auf den Weg dorthin, entdeckt man in allen vier Himmelsrichtungen ganz unterschiedliche, wunderschöne Orte.

Der wohl bekannteste „Außenseiter“ liegt ganz im Westen, da, wo einst bei Ebbe eine Sandbank weit in die Unterelbe hineinragte. Wie eine helle Nase sah sie aus, eine „blanke Ness“. 1301 wird hier zum ersten Mal eine Elbfähre erwähnt und als Anlegestelle das Fischerdorf Blankenese. Dieses entwickelte sich zu einem bedeutenden Fischhandelsplatz, verfügte zeitweise sogar über eine größere

Schon im Jahr 1060 wurde auf dem 75 Meter hohen Süllberg eine erste Burg gebaut. Seit Mitte des 19. Jahrhunderts ist dieser höchste Punkt Blankeneses beliebtes Ausflugsziel und Ort exklusiver Feierlichkeiten.

Flotte als die Nachbarin Hamburg. Ihre Behausungen bauten die Fischer und Lotsen an das Steilufer, das sich direkt vom Strand aus zum Süllberg hinaufzog. Bis heute ist dieses berühmte Blankeneser Treppenviertel mit seinen 4864 Stufen nur für Fußgänger zugänglich. Die Verbindung von dem traditionsreichen Fischerdorf nach Hamburg bildet die herrschaftliche Elbchaussee, die von Blankenese nach Ottensen führt – beziehungsweise umgekehrt, wie man heute wohl sagen muss: Ursprünglich lag die Hausnummer eins in Blankenese, 1953 aber wurde der Verlauf geändert und nun hat der noble Elbvorort mit der „590" die höchste Hausnummer der Prachtstraße. Die liegt allerdings leider auf der falschen Straßenseite, die richtige ist die mit den ungeraden Zahlen. Das ist nämlich die Wasserseite und nur hier haben die parkumsäumten Villen den traumhaften und im doppelten Sinn unbezahlbaren Elbblick.

Blühende Gärten im Alten Land

Auf der anderen Elbseite im Süden befindet sich eine ganz und gar andere Kulturlandschaft: das Alte Land. Die einzigen Erhebungen hier sind die Deiche, die holländische Wasserbauspezialisten schon im 12. Jahrhundert anlegten, um das Land dahinter bewohnen und bewirtschaften zu können. Heute befindet sich hier das größte Obstanbaugebiet Nordeuropas, das zur Blütezeit im

Im Hamburgischen Wattenmeer liegt die Insel Neuwerk. Im Schutze eines sieben Meter hohen Deiches wohnen hier vierzig Menschen.

Frühling unzählige Besucher anlockt und ab Sommer die ganze Welt mit Äpfeln und Kirschen versorgt.

Setzt man seinen Weg am Stadtrand von Hamburg nach Süden fort, geht es wieder hoch hinauf, zum höchsten Punkt der Hansestadt, dem 116 Meter hohen „Hasselbrack“ in den Harburger Bergen. Die gehören größtenteils zu Niedersachsen, in Hamburg aber liegen mit dem Wildpark Schwarze Berge und der Fischbeker Heide – einer Miniausgabe der Lüneburger Heide inklusive Heidschnucken – zwei beliebte Ausflugsziele. Der Name Harburg geht auf die „Horeburg“ zurück, was so viel bedeutet wie „Sumpfburg“. Die lag hier auf einer Insel im morastigen Elbgebiet und war über einen Damm und viele Brücken mit dem Geestland verbunden. Die Flussnähe machte den Platz dennoch attraktiv und er wechselte in der Geschichte vielfach seinen Besitzer. In seiner bedeutendsten Zeit Mitte des 19. Jahrhunderts gehörte Harburg zum Königreich Hannover. Die Hannoveraner schlossen Harburg ans Eisenbahnnetz an und bauten den Harburger Binnenhafen intensiv aus. Ist der heute auch winzig im Vergleich mit seinem riesigen Hamburger Bruder, so gelingt es hier in jüngerer Zeit zunehmend, der alten Hafenatmosphäre mit modernen Ideen attraktiven Charme zu verleihen. So hat sich hier eine aktive Kulturszene etabliert und im Fahrwasser der Technischen Universität Hamburg-Harburg siedeln sich im Innovationszentrum „channel harburg“ viele junge Unternehmen verschiedenster Technologiebranchen an.

Auf alte Traditionen baut Hamburgs östlichster Zipfel, die Vierlande. Auch sie entstanden auf Flussinseln in der Elbe. Seit dem 17. Jahrhundert wird hier Obst und Gemüse angebaut und über die Elbe nach Hamburg verschifft. Noch heute besteht die Gegend hauptsächlich aus Gemüse- und Blumen-

qualmt und gleichzeitig zu nachthell. Die daraufhin zwischen 1906 und 1912 in Bergedorf als eine der damals modernsten in Europa errichtete Sternwarte ist bis heute größtenteils original erhalten und in Betrieb.

Fehlt noch Hamburgs hoher Norden. Während Blankenese, Harburg und Bergedorf erst seit dem Groß-Hamburg-Gesetz der Nationalsozialisten von 1937/38 in die Hansestadt eingemeindet wurden, gehören die „ganz oben" gelegenen sogenannten Walddörfer zum Teil schon seit dem 15. Jahrhundert dazu. Die Hamburger ließen sich von hier über die Alster mit Lebensmitteln und Baustoffen versorgen. Und auch als Ausflugsziel war die Region beliebt. Schon 1770 wurden im Wohldorfer Wald erste Wanderwege angelegt. Seit dem frühen 20. Jahrhundert entwickelten sich die Walddörfer dann mehr und mehr zum Siedlungsgebiet für gestresste Städter – Wohnen im Grünen bei guter Anbindung an die Großstadt – mit steigender Attraktivität bis heute.

Oben:
Die Vierlande in Hamburgs Osten sind traditionelles Bauernland. Das Gebiet umfasst die vier ehemaligen Kirchspiele und heutigen Stadtteile Curslack, Kirchwerder, Altengamme und Neuengamme.

Unten links:
Seit 800 Jahren grasen Kühe auf den Wiesen der Westerweiden. Seit 1989 ist das Gebiet bei Finkenwerder an der Alten Süderelbe Naturschutzgebiet.

feldern und Treibhausanlagen, idyllisch durchzogen von zahlreichen Elbarmen. Wer „in die Stadt" will, geht nebenan nach Bergedorf. Hier steht das letzte erhaltene Schloss auf Hamburger Boden, eine Wasserburg des dänischen Königshauses, das neben vielen anderen auch einmal Herr über Bergedorf war. Außerdem ist Bergedorf weltweit bekannt wegen seiner Sternwarte. Die stand ehemals in St. Pauli, dort wurde es aber irgendwann zu ver-

Deutlich weniger Zuzug erlebt der am weitesten von Hamburg entfernte Stadtteil: Neuwerk. Kaum 40 Menschen leben auf dieser Insel, auf den dazugehörigen Nachbarinseln Nigehörn und Scharhörn gar keine. Sie liegen 100 Kilometer vom Zentrum entfernt in der Elbmündung und können noch mit einem weiteren Superlativ aufwarten, nämlich dem ältesten Gebäude der Stadt, dem 35 Meter hohen Leuchtturm, der seit 1310 auf Neuwerk steht.

Oben:
Gemütliches Warten auf die Fähre: Alle zehn Minuten fährt das Schiff zwischen Zollenspieker und Hoopte hin und her und verbindet damit auf dem Wasserwege die Bundesländer Hamburg und Niedersachsen. Da kann man ruhig mal eine Abfahrt verpassen.

Blankenese ist ein „horizontaler" Stadtteil, der sich idyllisch zwischen vier Kilometern Sandstrand am unteren Ende und der Hügelkette aus Süllberg, Kanonenberg, Krähenberg, Baurs Berg und Mühlenberg am oberen Ende erstreckt. Die hügelige Landschaft und die enge Bebauung schaffen aber auch schwierige Verkehrsverhältnisse. Der Hamburger Verkehrsverbund setzt hier deshalb Minibusse ein, die liebevoll „Bergziegen" genannt werden und nicht nur durch die engen Straßen passen, sondern auch deren bis zu 15 Prozent Steigung mühelos schaffen.

Ob am Strandweg entlang der Uferlinie oder am Hang: Elbblick ist bei den meisten der kleinen idyllischen oder großen villenartigen Häuser in Blankenese inbegriffen.

Oben:
Das vierflügelige Bergedorfer Schloss mit seinen markanten Staffelgiebeln ist rundum von einem Wassergraben umgeben. Im Innern zeigt das „Museum für Bergedorf und die Vierlande" Tradition und Geschichte der Region.

Rechts:
Im Zentrum von Bergedorf befindet sich Hamburgs ältestes Gasthaus. Das Eckhaus wurde 1550 gebaut, das Giebelhaus 1650, verbunden wurden die Teile um 1730. Bereits 1620 wird erstmals eine Nutzung als „Herrenherberge" erwähnt.

Oben:
Die Lämmertwiete gilt als eine der schönsten Straßen in Harburg. In vielen der erhaltenen alten Fachwerkhäuser befinden sich heute Restaurants und Cafés.

Links:
Im Vergleich mit dem Nachbarn in Hamburg geht es im Harburger Binnenhafen sehr beschaulich zu. Doch das Areal erlebt einen Aufschwung. Büros, Geschäfte und Wohnungen entstehen und einmal im Jahr lädt das Harburger Binnenhafenfest in diesem besonderen Ambiente zu Spiel und Spaß am und auf dem Wasser.

Hamburg,

DIE GRÜNE STADT

Oben:
Kleine Ruheinseln mitten in der Großstadt: Das bieten neben „Planten un Blomen" etwa 80 weitere Parks und Grünanlagen in Hamburg.

Oben rechts:
Die Liebesinsel im Stadtparksee ist nur über eine Brücke zu erreichen. Wer eine gemütliche Runde über das Wasser ziehen will, kann sich hier Boote leihen.

Mitte:
Der Jenisch-Park war einst das private Sommeranwesen der Senatoren-Familie Jenisch. Seit 1939 ist er öffentlich zugänglich und umfasst unter anderem zwei Museen und ein kleines Naturschutzgebiet rund um die Feuchtwiesen der Flottbek.

Hamburg gilt als eine der grünsten Millionenstädte der Welt. Wo viel Wasser ist, da ist viel Grün, so auch an den Ufern von Elbe und Alster. Darüber hinaus fällt einem in Hamburg immer wieder auf, wie grün die Wohnviertel sind: allein 230 000 Bäume säumen die Straßen der Stadt. Den größten Anteil am grünen Bild der Stadt aber haben ihre zahllosen großen und kleinen Parks. Schon wenn man auf dem Stadtplan alles zählt, was „Park" oder „Garten" in seinem Namen trägt, kommt man auf etwa 80 Grünanlagen.

Ihnen allen voran steht der Hamburger Stadtpark. Das ehemalige Sierichsche Gehölz, Jagdrevier des Hamburger Goldschmieds Adolph Sierich, wurde Anfang des 20. Jahrhunderts zum Volkspark umgestaltet. Man hatte erkannt, dass der Mangel an Erholungsräumen, als Folge der im vorangegangenen Jahrhundert stark industriell geprägten Entwicklung der Stadt, zum Gesundheitsproblem für die Bevölkerung werden könnte. Ein Park für alle ist er bis heute. Bis zu 200 000 Besucher tummeln sich dort an Sommerwochenenden, spazieren die Platanenallee entlang, treffen sich am Modellbootteich, schwimmen im Naturbad im Stadtparksee, besuchen den neuen Rosengarten oder das Planetarium oder lauschen als Zaungäste beim abendlichen Picknick der oft hochkarätigen Musik von der Freilichtbühne.

Nicht ganz so trubelig, aber für den Fremden doch unerwartet lebendig geht es in Ohlsdorf zu, bedenkt man, dass man sich hier auf dem größten Parkfriedhof der Welt befindet. Jogger, Radfahrer, Autos, sogar Linienbusse sind hier ganz selbstverständlich unterwegs. Und natürlich auch so einige Touristen, die die Gräber von Hans Albers, Heinz Ehrhardt, Ida Ehre, Carl Hagenbeck und vielen anderen besuchen, am liebsten zur Rhododendronblüte im Mai.

Planten un Blomen

Ganz und gar nicht friedlicher Natur waren dagegen die Wallanlagen, der ehemalige Befestigungs-

Oben:
„Planten un Blomen" heißt das Parkgelände mitten in der Hamburger City seit 1935. Damals wurde es vom Zoo zum Gelände für die Niederdeutsche Gartenschau umgestaltet.

Ganz oben links:
Im Schatten alter Bäume stehen die Grabsteine auf dem Jüdischen Friedhof Altona. Knapp 1,6 Hektar groß ist das Areal, das seit 1960 unter Denkmalschutz steht und zu den bedeutendsten jüdischen Kulturdenkmalen Europas zählt.

Links:
In „Planten un Blomen" findet man einen Moment der Ruhe vom Stadtbummel, Arbeitstag oder Sightseeing – darüber hinaus aber auch die Tropenhäuser des Botanischen Gartens, eine Roll- und Schlittschuharena, Abenteuer-Spielplätze, Caféterrassen und vieles mehr.

gürtel rund um Altstadt und Neustadt. Heute beschert er den Hamburgern einen breiten Grünbogen mitten in der Stadt. Gleich daneben liegt „Planten un Blomen" – und diese Parkanlage bietet nicht nur das: Außer Pflanzen und Blumen, zum Beispiel im Apothekergarten oder im Tropenhaus, gibt es ein japanisches Teehaus, in dem im Sommer an jedem zweiten Sonntag die traditionelle Teezeremonie abgehalten wird, und jeden Abend nach Einbruch der Dunkelheit eindrucksvolle farbige Wasserlichtkonzerte am Parksee.

Zwischenzeitlich befand sich hier auch Hamburgs Zoo. Der liegt heute in Stellingen, wo Carl Hagenbeck 1907 den weltweit ersten Tierpark ohne Gitterstäbe errichtete. Da er von seinen Reisen nicht nur Tiere, sondern auch exotische Pflanzen mitbrachte, ist der Zoo gleichsam als Park sehenswert. Außer diesen Großanlagen sorgen die vielen kleinen Parks, die man über alle Stadtteile verstreut findet, für den großen Erholungswert der Stadt. Besonders schöne Beispiele entstanden oft aus ehemaligen Privatgärten, wie der Jenisch-Park an der Elbchaussee, der als schönster Park Hamburgs gilt. Und neben all der vom Menschen angelegten „Natur" birgt Hamburg auch Naturschutzgebiete innerhalb seiner Stadtgrenzen, 32 an der Zahl, die insgesamt etwa neun Prozent der Landesfläche ausmachen: deutscher Rekord! Die meisten von ihnen liegen am Stadtrand. Mittendrin aber findet man mehrere geschützte Moore, zum Beispiel das Eppendorfer Moor, das größte innerstädtische Moor Mitteleuropas.

Rechts:
Vom Reichtum der Vierländer Bauern zeugen die riesigen, üppig verzierten Hufnerhäuser. Zum Beispiel am Neuengammer Hausdeich sind noch einige von ihnen zu bewundern.

Unten:
Im Herbst haben die Bauern im Alten Land alle Hände voll zu tun. Maren Dierks vom Obsthof in Neuenfelde ist zufrieden mit der Apfelernte.

Apfelbäume, so weit das Auge reicht – das bedeutet zwei Mal im Jahr Hochsaison im Alten Land. Ende April, Anfang Mai erblüht das Land in weiß und rosa, eine Pracht, die viele Touristen anzieht. Und zahlreiche Bienenvölker kommen als „Gastarbeiter“, um während der Blütezeit die Pflanzen zu befruchten. Zweiter Höhepunkt ist die Erntezeit im Herbst. Von Mitte September bis Mitte November gibt es viel zu tun für die Bauern, und auch viele Apfel-Fans kommen hierher, um ihre Lieblingssorten selbst zu pflücken.

Unten:
Um den Boden im Alten Land nutzbar zu machen, musste er erst einmal trockengelegt werden. Zur Entwässerung legten die Bauern Gräben, Fleete und Siele an. Um das Land vor Überschwemmungen zu schützen, wurden Schleusen und Deiche gebaut.

Ganz unten:
Das Naturschutzgebiet Finkenwerder, im Westen Hamburgs südlich der Elbe gelegen, umfasst einen ehemaligen Seitenarm der Süderelbe, die Alte Süderelbe. Das Gewässer mit seinen vielen Buchten und Prielen ist vor allem für Vögel ein wichtiger Lebensraum.

Rechts:
Idylle am Stadtrand: Neuenfelde ist das größte Dorf im Hamburger Alten Land und gleichzeitig eines der am dünnsten besiedelten Gebiete der Hansestadt.

Oben:
Am südlichsten Zipfel Hamburgs steht das beliebte Ausflugslokal Zollenspieker Fährhaus. Die Grundmauern des alten „Zollspeichers" stammen aus dem Jahr 1252.

Rechts:
Die St.-Maria-Magdalena-Kirche in Moorburg wurde in ihrer Geschichte mehrfach neugestaltet. Die schönen Kirchenbänke, das Senatsgestühl, der Altar und das Taufbecken stammen aus den 1680er-Jahren, in denen die Kirche grundsaniert und dabei vergrößert wurde.

Seite 152/153:
Die Reitbrooker Mühle steht seit 1870 am Ufer der Dove Elbe in den Marschlanden. Die Mühlenflügel sind 12,5 Meter lang und an einer drehbaren Haube befestigt, die sich nach dem Wind ausrichten lässt. Seit 1942 ist das Gebäude denkmalgeschützt.

Links:
Heimat und Tradition werden in den Vierlanden hochgehalten. Die alten Bauernhäuser werden liebevoll gepflegt, viele Vereine kümmern sich darum, dass das jahrhundertealte Kulturgut der Region erhalten bleibt.

Unten:
Die St.-Pankratius-Kirche von 1682 in Neuenfelde ist als Schnitger-Kirche berühmt: Die zweimanualige Orgel, gebaut 1683 bis 1688, ist die größte erhaltene Arp-Schnitger-Orgel. Der Orgelbauer heiratete außerdem eine Neuenfelderin und baute für seine Familie einen prächtigen Kirchenstuhl neben der Kanzel.

Eggersmann

IMPRESSUM

Buchgestaltung
SILBERWALD
Agentur für visuelle Kommunikation, Würzburg
www.silberwald.biz

Karte
Fischer Kartografie, Aichach

Printed in Germany
Repro: Artilitho snc, Lavis-Trento, Italien
www.artilitho.com
Druck/Verarbeitung:
Offizin Andersen Nexö, Leipzig

ISBN 978-3-8003-4446-8

Unser gesamtes Programm finden Sie unter:
www.verlagshaus.com

Bildnachweis
Walter Fey:
Schutzumschlag vorne; S. 18 unten: S. 19 unten; S. 20 rechts unten; S. 21; S. 24 links; S. 25 unten; S. 26/27; S. 28/29; S. 33 unten; S. 34/35 (3 Abb.); S. 36 unten; S. 37 oben; S. 40; S. 41; S. 42; S. 43; S. 45; S. 46 unten; S. 48 unten; S. 52 (2 Abb.); S. 55 oben; S. 56/57 (3 Abb.); S. 59 (2 Abb.); S. 60 oben links; S. 60 oben rechts; S. 62 oben; S. 66; S. 67 unten; S. 68/69; S. 70 (3 Abb.); S. 72 oben; S. 73-75 (5 Abb.); S. 82 unten; S. 84/85; S. 88/89; S. 90 oben; S. 92/93 Mitte; S. 93 oben rechts; S. 93 unten; S. 96/97 (4Abb.); S. 100 unten; S. 101; S. 102; S. 103 unten; S. 104/105 Mitte; S. 104 links oben; S. 105 oben links; S. 105 oben rechts; S. 106 (6 Abb.); S. 117 oben; S. 120/121 (4 Abb.); S. 123; S. 124/125 Mitte; S. 124 unten; S. 125 oben links; S. 125 oben rechts; S. 126-128 (6 Abb.); S. 131 oben; S. 132 (2 Abb.); S. 134-137 (4 Abb.); S. 139 oben; S. 139 unten rechts; S. 140-143 (8 Abb.); S. 145 oben links; S. 145 oben rechts; S. 146 oben; S. 147 oben; S. 150 oben; S. 151 oben; S. 152/153.
Max Galli:
Schutzumschlag hinten; S. 5, S. 6/7; S. 8/9; S. 12/13; S. 14/15; S. 16/17; S. 18 oben; S. 19 oben; S. 20 links; S. 20 rechts oben; S. 22/23 (4 Abb.); S. 24 oben; S. 25 oben; S. 30/31; S. 32; S. 33 oben links; S. 33 oben rechts; S. 36 oben; S. 37 unten; S. 38/39; S. 44/45; S. 46 oben; S. 48 oben; S. 49-51 (4 Abb.); S. 53-54 (4 Abb.); S. 55 unten; S. 58 (2 Abb.); S. 60 unten; S. 61 (3 Abb.); S. 62 unten; S. 63; S. 64/65 Mitte; S. 67 oben; S. 71; S. 72 unten; S. 76-81 (5 Abb.); S. 82 oben; S. 83 (2 Abb.); S. 86/87 (3 Abb.); S. 90 unten; S. 93 unten; S. 94/95; S. 98/99; S. 100 oben; S. 103 oben; S. 105 Rechts Mitte; S. 107 (5 Abb.); S. 108-111 (8 Abb.); S. 113 rechts (3 Abb.); S. 114-116 (5 Abb.); S. 117 unten; S. 118/119; S. 122 (2 Abb.); S. 125 rechts Mitte; S. 129; S. 130 (2 Abb.); S. 131 unten; S. 133 (2 Abb.); S. 139 unten links; S. 144/145 Mitte; S. 144 oben links; S. 144 oben Mitte; S. 145 rechts Mitte; S. 146 unten; S. 147 unten; S. 148/149 (4 Abb.); S. 150 unten; S. 151 unten; S. 156.
Karl-Heinz Raach:
S. 65 oben links, S. 65 unten.
Ralf Roletschek / roletschek.de – Fahrradtechnik und Fotografie:
S. 138 oben.
S. 64 links: Carlsberg Deutschland; S. 65 oben rechts: Magnus Manske; S. 92 oben: Archiv des Verlages; S. 112 links oben: Nationaal Archief, Den Haag, Rijksfotoarchief: Fotocollectie Algemeen Nederlands Fotopersbureau (ANEFO), 1945-1989 - negatiefstroken zwart/wit, nummer toegang 2.24.01.05, bestanddeelnummer 921-3780; S. 112/113 Mitte: Schubi-uetersen/Wikipedia; S. 112 unten rechts: TheBlues/Wikipedia ; S. 124 links: GeorgHH/Wikipedia.

Hamburg – die schönste Stadt der Welt: Wieso eigentlich ist sie so untrennbar mit der Sehnsucht nach der Ferne verbunden?